Zwischen
Glut und Brot

Zwischen Glut und Brot

Frauen, die Geschichte schrieben

Im Backhaus erzählt von Jürgen Kaiser

Edition Evangelisches Gemeindeblatt

Die Deutsche Bibliothek verzeichnet diese Publikation in der Deutschen
Nationalbibliografie; detaillierte bibliografische Daten sind im Internet über
http://dnb.ddb.de abrufbar.

© 2021, Evangelischer Verlag Stuttgart
Augustenstraße 124, 70197 Stuttgart, Telefon 07 11/60 10 00,
Fax 6 01 00 76, www.verlag-eva.de

Gestaltung und Satz: Cornelia Fritsch, Leinfelden-Echterdingen
Umschlaggestaltung und Illustration: Uli Gleis, Tübingen
Lektorat: Isolde Bacher, text_dienst, Stuttgart
Druck: Henkel GmbH, Stuttgart
ISBN 978–3-945369-97-5

Inhalt

Vorwort

Knitze Frauen

Seit Jahren suche ich nach „knitzen" Schwäbinnen und Schwaben – also nach aufgeschlossenen, hellwachen, ein bisschen schlitzohrigen Menschen –, die nur im Ausland etwas wurden. Die zu Hause keine Chance bekamen. Dabei bin ich immer wieder auf Frauen aufmerksam geworden, deren Schicksal und Lebenslauf mich faszinierten, die aber leider nicht in mein Suchbild passten. Ich habe sie nicht vergessen, sondern mir Taten und Daten gemerkt für spätere Zeiten.

So ist diese Auswahl entstanden. Sie ist subjektiv und unvollständig. Gepaart habe ich die Porträts mit Situationen, in denen in der Geschichte Frauen über Frauen gesprochen haben mögen – unter garantiertem Ausschluss der Männer. Es gab nur einen Ort für solche Gespräche: das Backhaus.

Das Leben in einer Gemeinde entwickelt sich um Zentren herum. Also um die Kirche, das Rathaus und das Wirtshaus herum. Auch – wenigstens in Württemberg – um „die Schwemme", also den aufgestauten Bach, an dem das Vieh getränkt und die Pferde gewaschen wurden und auf dem Enten und Gänse schwammen. Immer wieder forderte die Obrigkeit die Sauberkeit des Wassers ein, damit man dort auch gemeinsam Wäsche waschen konnte. Im letzten Jahrhundert kam dann noch das „Milchhäusle" dazu, in dem man abends die frisch gemolkene Milch ablieferte, die dann dort in einer Gemeinschaftsanlage gekühlt wurde. Die Kirche als Zentrum war gesetzt: Es herrschte im Prinzip Anwesenheitspflicht – wobei die Männer sich gerne zu drücken versuchten –, die Familien gingen zusammen hin. Auf dem Weg dorthin konnte man sich mit anderen austauschen, war aber nie unter sich. So wichtig wie die Kirche war deshalb immer auch das Backhaus. Es lag meist neben der Schwemme. Denn wo ein gewaltiges Feuer brennt, kann es auch gewaltig brennen. Dann braucht man schnell viel Wasser.

Diese Örtlichkeiten dienten auch der Rollenverteilung im Dorf. Zur Kirche ging man gemeinsam, ins Wirtshaus nur noch die Männer – außer bei Hochzeiten, Taufen und zum Leichenschmaus, da waren dann auch Frauen zugelassen und geduldet. Das Milchhäusle war der Treffpunkt der Jugend, denn die musste die Milch abends abliefern. Das konnte dauern.

In Schwaben gab es im Winterhalbjahr noch den „Kaartz". Eine Dorfbewohnerin heizte ihre Stube ein, alle Frauen und Mädchen trafen sich dann dort zum gemeinsamen Nähen, Flicken und Stricken. An jedem Abend in einer anderen Stube. So musste immer nur eine heizen. Die anderen Stuben blieben kalt. Das Vesper brachte man selbst mit, die Gastgeberin gab Wasser und Most aus.

Hier trafen sich die Omas, die Mütter und die Töchter. Der Austausch war generationenübergreifend. Aber unter sich war man, geschlechtsspezifisch betrachtet, nicht. Denn wo die jungen Mädchen waren, tauchten die jungen Burschen auf. Vor und im Haus. Deshalb erschien regelmäßig die Obrigkeit und überwachte das Ganze. So wie auch im Wirtshaus. Regelmäßig ist in Gemeindeprotokollen davon zu lesen, dass es schon wieder ums „Zusammenschlupfen" ging. Das war streng verboten, wurde überwacht, geahndet und mit Geldstrafen belegt.

Frauen hatten also nur zwei Treffpunkte im Dorf, wo sie ungestört reden konnten. Das war am Waschtag an der Schwemme, aber eben öffentlich. Und das war im Backhaus am Backtag. Also hinter Mauern. Bei all diesen schweren Arbeiten ließen sich die Männer nicht sehen. Endlich konnte man richtig miteinander reden. Tratsch, Klatsch, Geheimnisse, Backrezepte, Tipps zur Verhütung – hier konnte über all das gesprochen werden, hier waren die Frauen unter sich.

Das Backen war anstrengend. Zu Hause wurde der Sauerteig angesetzt, der Teig vorbereitet. In Weidenkörbchen brachte man ihn ins Backhaus. Brot für eine oder zwei Wochen wurde gebacken. Jede brachte die Teiglinge auf dem Leiterwagen her. Außerdem ihren Holzanteil, ihre „Spächtele" und „Kräha" zum Anzünden und Anheizen. Denn der Ofen musste erst mal auf Temperatur gebracht werden. Das ging über Stunden. Zeit, um noch gemeinsam Kuchen vorzubereiten: Zwiebel-, Kraut- und Kartoffelkuchen. Dazu die schwäbischen Flammkuchen, die je nach Landesteil „Wähe", „Dinnete" oder „Blootz" hießen. Weil man diese Kuchen auch in jedem Backofen zu Hause backen kann, liefere ich am Ende des Buches passende Rezepte.

Waren im Backhaus die Vorbereitungen abgeschlossen, konnte man zusammensitzen und reden, das Feuer kontrollieren, bis endlich die glühende Holzkohle herausgeholt wurde, der Ofen nass ausgewischt und Brot und salzige Kuchen „eingeschossen" wurden. Die waren dann zur Mittagszeit fertig. Die Männer kamen vorbei, es gab ein schnelles Mittagessen zusammen, dann war man wieder unter sich. Am Spätnachmittag zogen die Frauen mit ihrem Leiterwagen voller Brot heim. Die Feuer waren längst erloschen, das Backhaus war geputzt und selbst war man voller Neuigkeiten. Erschöpft an Kräften, erbaut an Wissen und Seele.

Natürlich haben die Frauen im Backhaus auch über andere Frauen gesprochen. Diesem Buch liegt die Idee zugrunde, dass sie auch über die Frauen gesprochen haben, die zu ihrer Zeit aufgefallen sind. Entweder weil man über sie sprach, etwa über die Königinnen oder die Frauen berühmter Männer. Oder weil man sie und ihre Familie aus dem näheren oder weiteren Umfeld kannte und daher mit großem Interesse ihren Werdegang verfolgte – Anlass für spannende Geschichten! Im Backhaus wurden viele Geschichten erzählt.

Viele dieser Backhäuser gibt es immer noch. Gelegentlich gibt es Vereinigungen wie die Landfrauen, die in diesen Backhäusern gemeinschaftlich backen. Dabei geht es nicht nur darum, eine alte Tradition aufrechtzuerhalten. Es geht auch darum, das eigene Brot zu backen. Aus eigener Erfahrung weiß ich, dass es nichts Schöneres gibt als den Duft eines frisch gebackenen Bauernbrotes aus dem Holzbackofen, das Klopfen auf die Unterseite, um zu hören, ob es gut durchbacken ist. Das „Riebele" oder „Knäusle" abzuschneiden (also das Endstück), mit dem Finger das Innere zusammendrücken (wenn das Innere sich wieder ausdehnt, ist das Brot gelungen) und es dann zu essen. Als ich ein Jahr in Schottland studierte, hatte ich Heimweh nach diesem Brot.

Nicht nur die Landfrauen klagen darüber, dass es immer weniger Frauen gibt, die im Dorfbackhaus zusammen backen. Wenn überhaupt, sind es die Omas. Klar – Brotbacken mit Sauerteig kostet viel Zeit. Wer hat die heute? Aber das selbst gebackene Brot ist nicht zu toppen.

So ist dieses Buch nicht nur eine Erinnerung an tolle Frauen und vergangene Zeiten, sondern auch ein Plädoyer dafür, beim Brotbacken mitzumachen, wenn es noch ein Backhaus gibt und es die Einwohnerinnen nutzen können und dürfen.

Ich habe meine eigenen Geschichten mit schwäbischen Backhäusern und Brotbäckerinnen erlebt: 1979 wurde ich Vikar. In den ersten vier Monaten wohnte ich bei einem Vikarskollegen in seinem großen alten Pfarrhaus in Hofen – damals Erligheim, heute Bönnigheim. Nur ein paar Schritte vom Pfarrhaus entfernt lag das Backhaus. Jeden Freitag war es in Betrieb. Jeden Freitag kam ich vom Praktikum aus der Grundschule und kehrte im Backhaus ein. Die Hofener Frauen freuten sich über meinen Besuch um die Mittagszeit. Da sie mit dem Titel Vikar nichts anfangen konnten, war ich halt ein junger „Herr Pfarrer". Und ein Pfarrer war noch nie in ihrer Backstube gewesen. So wurde ich herzlich empfangen, wurde aufgefordert, eine Andacht zu halten – aber bitte eine kurze –, und bekam Most, Zwiebelkuchen und Brot. Und kehrte mit einem Brot unterm Arm heim. Ich habe bei diesen Treffen mehr über Glaube, Aberglaube, Höhen, Tiefen und Schicksalsschläge erfahren und mehr Geschichten gehört als sonst irgendwo, wo ich später war.

1983 begann ich zuerst ein Praktikum und dann die Arbeit als freier Mitarbeiter in der Abendschau-Redaktion des damaligen Süddeutschen Rundfunks (SDR). Wir drehten noch auf 16-mm-Film und stellten später als erste Redaktion des SDR auf „elektronische Berichterstattung" (EB) um. Mein erster Filmauftrag – immerhin vier Minuten (heute sind maximal 1.30 min möglich) – war die Berichterstattung über mutige Frauen in Nufringen. Die buken nämlich im Nufringer Backhaus. Dem aber wollte der damalige Nufringer Bürgermeister ein Ende setzen, weil er zusammen mit der Mehrheit des Gemeinderats das Backhaus abreißen wollte, um auf dem Platz ein Einkaufszentrum zu errichten. Die Bäckerinnen wandten sich an den SDR und ihr Brief landete auf meinem Schreibtisch. Mit einem Fernsehteam fuhr ich los, besuchte die Frauen an einem Backtag und drehte herzerweichende Szenen ländlicher Idylle. Der Bürgermeister war außer sich, sein Gegenspieler, ein Nudelfabrikant, freute sich und lieferte deftige O-Töne, die Frauen buken, was das Zeug hielt. Wir speisten und tranken im Backhaus. Die Cutterin war vom Rohmaterial begeistert. Es entstand ein Film, der das Herz bewegte. Er wurde sogar gesendet.

Das Ende vom Lied: Das Backhaus wurde abgerissen. Aber der Bürgermeister musste jeden Stein nummeriert auf dem Gemeinde-Bauhof zwischenlagern und hoch und heilig versprechen, das Backhaus an anderer Stelle wieder zu errichten. Was auch geschah. Es steht immer noch. Der Bürgermeister dürfte mich gehasst haben.

Dieses Buch wäre nicht entstanden, wenn nicht meine Projektleiterin im Verlag, Cornelia Fritsch, mich mit Nachdruck darauf aufmerksam gemacht und ständig ermutigt hätte und wenn nicht mein Verleger Frank Zeithammer das unternehmerische Risiko getragen hätte. Ihnen sei Dank.

Dank aber auch an meine Lektorin Isolde Bacher, die mit spitzem Bleistift treffliche Bemerkungen anbrachte, und Uli Gleis für seine Illustrationen. Dank an Rolf Lehmann, der Anna Haag noch persönlich kannte und mir deshalb viel von ihr erzählen konnte. Dank an Dieter Skubski, der als ehemaliger Kriminalist stets die ersten genauen Untersuchungen meiner Texte vornahm.

Nicht zuletzt danke ich meiner Frau Christine. Ich bin eine „Nachteule", sie ein „früher Vogel". Deshalb fand sie meine Texte immer als Erste morgens auf dem Frühstückstisch vor. Und da bekanntlich der frühe Vogel den Wurm fängt, entdeckte sie stets die ersten Fehler.

Jürgen Kaiser, im Corona-Frühjahr 2020

――――

Der Zeichner dieses Buches, Uli Gleis, widmet dieses Buch seiner Mutter, auch eine „starke Frau", die alle Publikationen von Jürgen Kaiser immer geliebt hat:

Für Annemarie Gleis, geborene Weitbrecht (1929–2020)

Hildegard von Bingen

„Eine Feder im Windhauch Gottes"

(* Mai/Sept. 1098, Bermersheim;
† 17. September 1179, Rupertsberg)

Es ist Backtag in Günterstal, dem südlichsten Stadtteil von Freiburg. Andrea ist neu zur Backgruppe hinzugestoßen und bemerkt gleich, dass die Brotlaibe der anderen Frauen anders riechen als ihre. Die Frauen haben sie als Neuzugezogene herzlich aufgenommen. Jetzt ruhen die Laibe in ihren Weidenkörbchen und warten darauf, in den Ofen „eingeschossen" zu werden. Da bleibt Zeit zum Reden.

„Wir backen nur noch mit Dinkel. Da hat St. Lioba abgefärbt." Die Frauen lachen.

Das Kloster St. Lioba in Günterstal bei Freiburg liegt oben am Hang und wird von Benediktinerinnen bewohnt, die sich ihrer Kirchenlehrerin Hildegard von Bingen sehr bewusst sind. 1927 ist hier aus einer alten Villa ein Kloster geworden.

„Klar haben wir alle Kurse im Kloster besucht. Denn Hildegard kannte sich nicht nur mit Kräutern, Heilpflanzen und Medizin aus, sie stand auf Dinkel und sie war auch Spezialistin für Mystik, Musik, Visionen, Organisationstalent, Diplomatie, weibliche List und Selbstbewusstsein. Letzteres bekam besonders die männerdominante Kirche zu spüren."

„Der Ofen ist fertig. Jetzt geht es los!"

„Und der Dinkel schafft frohen Sinn, sagte Hildegard."

Den hat Hildegard damals auch mehr als genug gebraucht.

Hildegard von Bingen

Abt Kuno von Disibodenberg tobte. Wieder einmal hatte er Magistra Hildegard zu sich einbestellt und musste nun mit ihr diskutieren. Denn die Leiterin des Frauenklosters im Doppelkloster Disibodenberg war mal wieder renitent. Schon die Tatsache, dass er mit ihr diskutieren musste, brachte den Abt auf die Palme. Frauen hatten den Mund zu halten, demütig zu sein und zu gehorchen. Ein anderes Verhalten sah die Welt um 1136 – Hildegard war gerade zur Magistra im Kloster aufgestiegen – nicht vor. Hildegard schon. Und dann trugen sie und ihre Nonnen auch noch ihre Haare offen, umkränzt mit einem Strauß frischer Blumen als Haarschmuck. Sie sahen reizend aus. Das war schon mehr als Sünde.

Diese Frau kostete ihn seine letzten Nerven. Trotzdem musste er sich mit ihr auseinandersetzen. Denn zum einen war sie von hohem Adel und stand mit der Führungsschicht des Reiches in Verbindung. Mit dem schon damals fast schon heiligen Bernhard von Clairvaux, der donnernd zum Zweiten Kreuzzug aufrief, man könnte auch sagen, aufhetzte („Deus vult", zu Deutsch „Gott will es"), stand sie im Briefwechsel, den Staufer Friedrich I., genannt Barbarossa, stauchte sie zusammen. Genauso wichtig war: Hildegard war ein Magnet für das Kloster. Sie war eine Garantin für den wachsenden Reichtum. Denn in ihrer Frauenabteilung des Klosters nahm sie nur adelige Damen auf – und die brachten ihre Mitgift mit. Disibodenberg wurde sehr reich. Das aber hatte nichts mit den Männern zu tun.

Also blieb es bei Ermahnungen zu Demut und Gehorsam. Hildegard akzeptierte. Sie wartete auf ihre Gelegenheit. Und die würde kommen.

Hildegard war 1098 zur Welt gekommen. Wann, ist unklar. Ihren Angaben zufolge muss es zwischen Mai und September gewesen sein. Sie war das zehnte Kind der Edelfreien Hildebert und Mechthild aus Bermersheim vor der Höhe (Alzey). Damit war ihr Schicksal schon besiegelt. Von hohem Adel, also eine gute Mitgift, und als zehntes Kind geboren: Sie war für die Kirche bestimmt. Denn es galt „ein Zehnter an Gott" nicht nur für den Steuersatz, sondern auch für die Kinder. So wurde sie mit 8 Jahren an die 16 Jahre alte Jutta von Sponheim zur religiösen Erziehung übergeben und Hildegard wurde zur „Oblatin". Oblation bedeutet sinngemäß, ein Kind wird ins Kloster gegeben und unwiderruflich für das Leben dort bestimmt. Am 1. November 1112 ging Hildegard zusammen mit Jutta und einem anderen Mädchen im Kloster Disibodenberg in ein Inklusorium (eigene ummauerte Klausur). Disibodenberg war ein Benediktinerkloster – also voller Männer. Die Frauen wurden in einer eigenen Klause abgeschottet untergebracht. Das war ein Kloster im Kloster. Alle waren sie adelige Mädchen und Frauen. Die Adeligen in der Umgebung wurden die erbberechtigten Töchter los, indem sie sie mit einer ordentlichen einmaligen Mitgift aussteuerten und sie ins Kloster steckten. So waren sie als Erbinnen ausgeschaltet und dennoch versorgt.

Wir stellen uns diese Frauenklöster und Stifte oft als dunkle, finstere Grüfte vor – das waren sie aber nicht unbedingt. Denn die Mädchen bekamen alle eine Ausbildung, auch in Lesen, Schreiben und Rechnen. Allein schon damit waren sie privilegiert in einer Zeit des Analphabetentums. Außer ihnen konnten nur noch jüdische Töchter von Händlern in den Städten entlang des Rheins lesen und schreiben. Nicht mal die adeligen Fräulein auf den Burgen konnten das. Die Nonnen oder Stiftsdamen hatten auch eine deutlich höhere Überlebenschance. Damals waren Männer in der Regel bis zu dreimal verheiratet, weil viele Frauen im Wochenbett starben. Die durchschnittliche Lebensdauer von Frauen betrug kaum 30 Jahre. Da hatte die Hochzeitsformel „Bis der Tod Euch scheidet" noch eine reale Bedeutung. Das alles blieb den Nonnen erspart. Außerdem waren Klöster in jeder Hinsicht Horte des Wissens. Hildegard sollte das wie keine Frau zuvor verkörpern.

Jutta von Sponheim war eine extreme Asketin und sie besaß viel Charisma. Deshalb wollten immer mehr Mädchen und Frauen auf den Disibodenberg und die Klause wurde zu einem eigenen Kloster. Allerdings immer unter der Aufsicht des Abtes des Männerklosters. Der genoss den wachsenden Reichtum und die wachsende Bedeutung des Klosters. Als Jutta von Sponheim starb, wurde ihre Schülerin Hildegard ihre Nachfolgerin und 1136 zur Magistra. Damit gingen die Konflikte los. Hildegard lockerte nämlich die strenge Ordnung. Es gab besseres Essen und kürzere Gebets- und Gottesdienstzeiten. Die Nonnen musizierten und sangen, der Kräutergarten wurde stark vergrößert. Nun war sogar Lachen aus dem Kloster zu hören.

Das alles passte dem Abt nicht. Denn wie sollte er die strenge benediktinische Disziplin in seinem Männerkloster aufrechterhalten, wenn nebenan die Mädels lachten, offene Haare trugen und sangen. Geistliche Lieder zwar, aber immerhin.

Am meisten brachte ihn auf die Palme, dass Hildegard sich zwar demütig niederwarf, aber behauptete, Gott selbst habe ihr das eingegeben durch eine besondere Lichterscheinung. Damit war seine Autorität infrage gestellt. Hildegard kümmerte sich schlicht nicht um seine Anweisungen, sie sagte zwar Ja, tat aber, was sie für richtig hielt – und das auch noch in der Autorität Gottes. Ein Fall, der nur vom Papst geregelt werden konnte. Schließlich unterstanden die Klöster nicht einem weltlichen Herrn, sondern dem Stellvertreter Gottes direkt. Also wandte er sich nach Rom und der Papst beauftragte seinen Vertrauten, den Bischof von Verdun, die ganze Angelegenheit zu untersuchen.

Der reiste auf den Disibodenberg, befragte Hildegard mehrmals und erstattete Papst Eugen III. Bericht. Davon hing viel ab. Entweder war Hildegard eine Ketzerin und musste verbrannt werden, oder sie war etwas ganz Besonderes. Das war Hildegard bewusst.

Für Hildegard sprach, dass sie die Autorität der Kirche niemals infrage gestellt hatte, auch nicht die soziale Ordnung der Welt. Damit gefährdete sie niemals den Machtanspruch der Kirche. Als Bäuerinnen ihre Töchter zu Hildegard brachten mit der Bitte, sie in ihren Orden aufzunehmen, wies sie das schroff zurück. Ihr Orden war nur für Adelige da. Nicht für Bauerntöchter und gemeines Volk. Sie stellte außerdem kein einziges Dogma infrage. Und sie stand im Briefwechsel mit Bernhard von Clairvaux, dem geistigen Führer des weltlichen Europas und Initiator des Zweiten Kreuzzugs, der ihren Hilfebrief vorsichtig beantwortete, weshalb sie oder ihre Freundinnen bei der späteren Veröffentlichung des Briefes, wie er überliefert ist, in der Deutlichkeit etwas nachhelfen mussten. So jedenfalls die Erkenntnisse der heutigen Wissenschaft.

Hildegard berief sich auf Visionen. Lichterscheinungen, die sie bereits als Dreijährige zum ersten Mal hatte („... und in meinem dritten Lebensjahr sah ich ein so großes Licht, dass meine Seele erzitterte ..."). Diese Visionen wurden ab 1141 so stark, dass sie sie veröffentlichte, nach Absprache mit dem Papst. Hildegard war klug genug, ihre Grenzen zu kennen.

Vorher argumentierte sie nur mit ihren Visionen und begründete so ihre Sicht der Dinge und der Welt. Damit hatte die Kirche ein Problem. Denn da sich Hildegard weder mit der Kirche noch mit der Welt noch mit den Dogmen und den politischen Gegebenheiten anlegte, konnte man sie weder als Ketzerin noch als Aufrührerin festnageln. Indem sie sich auf Visionen berief, stand sie in kirchlichem Kontext. Die Propheten des Alten Testaments hatten Visionen, auch Johannes der Täufer und Paulus, viele Märtyrer und Heilige ebenso. Die Tradition zieht sich heute hin bis Lourdes und Fatima.

Das alles konnte man nicht einfach verdammen. Also musste man es untersuchen. Das tat der Bischof von Verdun gründlich. Papst Eugen III. wog ab – und gestand Hildegard ihre Visionen zu. Der Abt von Disibodenberg musste mehr als einmal schlucken.

Was er befürchtet hatte, geschah. Hildegard, die er einmal mehr zur Demut und zum Gehorsam aufforderte, erklärte ihm weder demütig noch gehorsam, sondern kühn, dass sie und ihre Frauen das Kloster verlassen und ein eigenes Kloster gründen würden. Was auch geschah. Das war das Ende von Disibodenberg. Als das Kloster mit der Reformation aufgelöst wurde und dann verfiel, interessierte das nur noch die umliegenden abhängigen Bauern, die nun frei wurden und die Gebäude als Steinbruch benützten. Das Männerkloster war schon längst vorher bedeutungslos geworden.

Hildegard nutzte die Stunde. Hoch zu Ross ritt sie aus dem Kloster Disibodenberg hinaus, ihre Nonnen folgten ihr – zu Fuß. Schon allein, dass Hildegard immer zu Pferd reiste, erregte stets Aufmerksamkeit. Das stand Frauen, selbst Königinnen, nicht zu. Adelige Damen reisten mit Sänften oder Wagen, alle anderen Frauen, wie es die Ordnung verlangte, zu Fuß, auch Nonnen. Hildegard ritt.

1150 gründete Hildegard das Kloster Rupertsberg. Seine Lage war perfekt: auf dem gleichnamigen Berg am linken Ufer der Nahe, kurz bevor dieser Fluss in den Rhein mündet, in der Nähe von Bingen. Also strategisch günstig. Das Kloster wuchs von Anfang an gewaltig. Noch Meister Grünewald verewigte es 1517 auf dem berühmten Isenheimer Altar, der in Colmar ausgestellt ist. Im Hintergrund der Kreuzigungsszene auf Golgatha ist Hildegards Kloster in der Art eines Kupferstichs von Matthias Merian zu sehen.

Den Ort der Klostergründung hatte Hildegard gut gewählt. Denn Bingen war ein Handelszentrum am Rhein, an dem entlang einer der Haupthandelswege Deutschlands verlief. Die Aorta sozusagen. Bingen hatte damals 2000 Einwohner, die Hauptstadt des Handels, Frankfurt, rund 2500 Einwohner. Köln war größer, aber nicht viel. München bestand aus ein paar Häusern an einer Furt. Von Berlin sprach niemand, Hamburg wurde gerade erst durch den Schwaben Barbarossa gegründet. Bingen hingegen lag am Nabel der deutschen Welt. Es war ein Zentrum nicht nur des Handels, sondern auch der Kommunikation.

Hier auf dem Rupertsberg konnte Hildegard endlich ihre Ideale verwirklichen, zusammen mit ihrer Freundin Richardis von Stade. Freundin? Da wird es schon wieder spannend. Die Geschichte von Hildegard ist so weit weg, dass sie heute als Projektionsfläche für alles taugen kann. Margarethe von Trotta hat in ihrem Film „Vision – Aus dem Leben der Hildegard von Bingen" 2008 zum Entsetzen mancher Traditionalisten der katholischen Kirche die Geschichte einer lesbischen Beziehung geschrieben. Jedenfalls war Richardis die Schwester des Bremer Erzbischofs, der das Familienmitglied unbedingt als Äbtissin des Klosters Bassum in Niedersachsen haben wollte, Kirchenpolitik war schließlich auch Machtpolitik. Hildegard verweigerte sich, rief sogar den Papst an, musste aber schließlich ihre engste Mitarbeiterin bzw. Freundin ziehen lassen.

Hildegard hatte weiterhin Visionen, also Lichterscheinungen, die sie als Botschaften Gottes an sich selbst interpretierte. Diese Visionen beschrieb Hildegard sehr deutlich und bildlich. So sehr, dass der Neurologe Oliver Sacks sich daran machte, ein Krankheitsbild Hildegards zu entwerfen. Für ihn waren die Lichterscheinungen Symptome einer schweren Migräne. Sacks litt selber daran, er wusste, wovon er sprach.

Für Hildegard waren es direkte Botschaften Gottes. Dieses Bewusstsein verlieh ihr Autorität gegenüber Äbten, Bischöfen, weltlichen Herren, dem Kaiser und dem Papst. Sinngemäß drückte sie das folgendermaßen aus: „Gott hat es mir gesagt! Deshalb schreibe ich Dir und sage, was Sache ist. Und nun kommst Du!" Das war Autorität auf Augenhöhe gegenüber Papst und Kaiser. Auch das machte Hildegard einmalig. Es gab auch im Mittelalter viele wichtige und bekannte Frauen. Sie war jedoch die erste Frau, die eigenständig und selbstbestimmt in der deutschen Geschichte auftauchte – und bis heute bekannt ist. Und sollte vielleicht bis Katharina von Bora erst einmal die einzige derartige Frau in der deutschen Geschichte bleiben.

Ermutigt durch Bernhard von Clairvaux – wenn auch durch Interpretation etwas nachgeholfen –, konnte Hildegard ab der Synode von Trier 1147 mit Erlaubnis von Papst Eugen III. ihre Visionen veröffentlichen. Sie hatte schon 1141 damit begonnen, sie aufschreiben zu lassen. Da sie die lateinische Grammatik nicht so genau kannte, diktierte sie ihre Visionen einem mönchischen Schreiber. Die Herren wechselten mit den Jahren. Der letzte hieß Wibert von Gembloux und kräftigte prächtig ihren Nachruhm. Ihr erstes

Werk hieß „Scivias" oder „Sci Vias Domini" („Wisse die Wege des Herrn"). Darin beschreibt sie in immer neuen Bildern die gleiche Geschichte von Gott und dem Menschen, von Abkehr und Hinwendung. Ein mystischer Text, der bis heute zur Meditation einlädt in seiner Gesamtschau der Schöpfung als ewigem Verhältnis zwischen Gott und Mensch. Wenn sie darin beschreibt, dass der Mensch vom Teufel besessen sei – dem „schwarzen Engel" –, berührt das heute niemanden mehr. Aber wenn sie sagt, der Engel verführe dazu, dass der Mensch nur noch „Ich und Ich" sagen könne und sich „anmaßend das Gesetz selbst gibt, als ob er sein eigener Gott sei", so klingt das sehr modern. Als ob man heute sagen würde, der heutige Zeitgenosse könne nur noch „ICH" in Großbuchstaben sagen und schreiben, das Wort „Wir" aber sei ihm unbekannt. Auch Sätze wie „Vater, ich habe gesündigt gegen den Himmel. Das heißt: gegen das himmlische Kunstwerk, das ich selbst bin!" klingen mehr als modern.

Wenn sie dann noch schreibt, dass Jesus der Einzige sei, der wirklich den Namen „Arzt" verdienen würde, ist es nicht weit bis zur Frage, was denn das für das gesundheitliche Leben bedeutet(e). Womit wir bei Hildegard, der Medizinerin, Apothekerin und Biologin angekommen sind. Bis heute werden nicht nur Klosterfrauen und Esoterikerinnen bei ihr fündig. Denn sie hat ein einmaliges Wissen gesammelt, veröffentlicht und praktiziert. In ihren Werken „Liber simplicis medicinae" und „Liber compositae medicinae" hat sie das biologische und medizinische Wissen der damaligen Welt mit der Volksmedizin zusammengebracht und veröffentlicht. Eine einmalige Leistung. Über 280 Pflanzen hat sie mit ihrer Heilwirkung beschrieben. Das wirkt bis heute nach. So wurde der Begriff „Hildegard-Medizin" ab den 1970er-Jahren als Marketingstrategie eingeführt – mit Erfolg.

Der Rupertsberg wurde also zu einem Zentrum Deutschlands für moderne Medizin und Heilkunde. Hildegard kommunizierte mit allen in Deutschland, die sich in diesen Dingen auskannten.

Damit ihre Briefe nicht in falschen Händen ausgewertet wurden, erfand sie eine Geheimschrift, die der Wissenschaft heute noch Kopfzerbrechen bereitet. Ihre „Litterae ignotae" waren lateinisch geschrieben, machten aber keinen Sinn. Nach einem geheimen Schlüssel entsprachen die Buchstaben, sozusagen wie auf einem alten Rechenschieber verschoben, anderen Buchstaben. Jetzt musste man nur noch den Grad der Verschiebung herausbekommen. Gar nicht so einfach, denn Hildegard änderte den Grad der Verschiebung immer wieder. Nur eingeweihte reisende Nonnen wussten den Grad der Verschiebung ab welchem Zeitpunkt. Und das natürlich nur mündlich.

Aus ihrer Gesamtschau der Schöpfung, sprich dem Verhältnis von Gott und Mensch, entwickelte sie auch ihre Ansichten über Dichtung und Musik. Sie schuf eigene musikalische Werke der Meditation, die bis heute Künstlerinnen und Künstler zu ihren Werken und Inspirationen ermutigen.

Hildegard war bei den Menschen. Nicht nur, weil sie das Volkswissen in Sachen Kräuter aufnahm. Das war ja durchaus vorhanden, wenn man es auch nur vorsichtig weitergeben konnte, schon allein aus der Furcht, dann der Hexerei verdächtig zu sein. Das gab es damals schon, auch wenn die systematische Verfolgung erst später einsetzte. Jetzt nahm Hildegard es auf. Nun konnte man sie zitieren und war über jeden Verdacht erhaben. So konnte Hildegard zum ersten Mal in der deutschen Literatur einen weiblichen Orgasmus beschreiben. Sie und ihre Nonnen arbeiteten auch als Hebammen. Ob sie es da erfahren hatte? Oder hatte sie doch eine Beziehung mit Richardis von Stade, wie der Kinofilm es andeutet? Wir werden es nie erfahren.

Das alles hatte Erfolg. Das Kloster Rupertsberg wuchs und wuchs. Gleichzeitig wuchs aber auch der Neid der anderen. So wurde die Meisterin Tengswich von Andernach zu ihrer größten Kritikerin. „Wo bleibt denn der Aufruf zur Armut?", rief sie. Das sahen auch viele männliche Geistliche so und kritisierten Hildegard. Aber wer mit Bernhard von Clairvaux Briefe austauschte und Barbarossa schriftlich kritisierte – den das allerdings nicht kümmerte –, stand über dem Gebell einfacher Hunde. Das ist wörtlich zu nehmen. Hildegard sah sich ganz klar auf Augenhöhe mit anderen, Höhergestellten. Dennoch erwarb sie 1165 das leer stehende Augustinerkloster Eibingen und gründete dort ein Tochterkloster, in das Nichtadelige eintreten konnten. Damit nahm sie den Kritikern und Kritikerinnen geschickt den Vorwurf des Elitären aus den Segeln.

Hildegard starb am 17. September 1179 mit 82 Jahren auf dem Rupertsberg. In der Pfarrkirche von Eibingen, einem Stadtteil von Rüdesheim, ist heute ihr Reliquienschrein ausgestellt.

Bereits 1228 wurde ein Antrag auf Heiligsprechung in Rom eingereicht, dem aber nicht entsprochen wurde. Alle notwendigen Untersuchungen zur Heiligsprechung wurden irgendwann irgendwie eingestellt und führten zu keinem Ergebnis. Irgendwie war Hildegard wohl zu groß für die verfasste römisch-katholische Kirche. Beispielsweise erschien sie erst ab 1584 wie zufällig im Verzeichnis der Heiligen der katholischen Kirche. Das nur nebenbei.

Professor Joseph Ratzinger befasste sich während seiner Zeit als Professor für Theologie in Bonn zwischen 1959 und 1963 intensiv mit der Lehre von Hildegard von Bingen. Am 10. Mai 2012 dehnte Papst Benedikt XVI. (alias Joseph Ratzinger) die Verehrung der heiligen Hildegard auf die ganze Kirche aus. Am 7. Oktober 2012 wurde sie zur Kirchenlehrerin ernannt. Sie ist bislang die einzige Kirchenlehrerin der römisch-katholischen Kirche.

Ihre Wirkkraft nimmt nach wie vor zu, und zwar deutlich. Die Mystik in der katholischen und anglikanischen Kirche, aber auch in protestantischen Bewegungen, greift auf sie zurück. Ihre Kenntnisse der Kräuter und Heilpflanzen werden von vielen Menschen aufgegriffen und angewandt. „Jede Krankheit ist heilbar – aber nicht jeder Patient." Welcher Arzt, welche Ärztin würde das nicht unterschreiben? Hildegard von Bingen ist zu einer eigenen Marke geworden.

Das könnte auch bei der Diskussion um die Rolle der Frau in der römisch-katholischen Kirche noch wichtig werden. Gerade im Disput um das Diakonat der Frauen. In der römisch-katholischen Kirche muss eine Idee immer in Bezug auf „Schrift und Tradition" geprüft werden. Etwas Neues kann es nur geben, wenn man nachweisen kann, dass es eigentlich etwas Altes ist, also schon mal da war, nur eben durch die geschichtliche Entwicklung verschüttet. Kann denn Hildegard als Äbtissin in ihrem Kloster und auf ihren vielen Reisen nicht auch die Eucharistie – das Abendmahl – ausgeteilt haben, wenn kein geweihter Priester anwesend war? Wohlgemerkt: Es geht nicht um die Wandlung, es geht um die Austeilung. Dazu hatte man geweihte Hostien bei sich, gerade in kriegerischen Zeiten und auf Reisen. Sollte ausgerechnet Hildegard, nach der Muttergottes die bedeutendste Frau der römisch-katholischen Kirche, das nicht gemacht haben? Darüber sollte man nachdenken und entsprechend forschen. Vielleicht kommt damit Bewegung in eine festgefahrene Diskussion. Auch in dieser Hinsicht könnte Hildegard heute noch wirken und ihrer Bedeutung gerecht werden.

Karoline „Chaile" Kaulla

Die reichste Frau Deutschlands

(* ? 1739, Buchau/Federsee;
† 18. März 1809, Hechingen)

Es ist wieder Backtag im Herbst 1768 in Hechingen. Die Frauen sitzen in der Backstube und warten noch ein paar Minuten, bis der Ofen so heiß ist, dass man die glühende Holzkohle herausziehen und mit dem Backen beginnen kann. Alle sind da, nur die junge Dorothee fehlt noch. Sie ist Dienstmädchen bei der jüdischen Familie Kaulla.

„Wo die Dorothee nur bleibt? Wir schießen doch gleich die Brote ein!"

„Wer nicht kommt zur rechten Zeit …"

„Ach komm, hör auf! Als Dienstmädchen kann sie nicht über ihre Zeit frei verfügen. Außerdem ist bei den Kaullas immer viel los!"

„Ja! Geld schleppen! Wie die immer Geld transportieren können, ohne von Räubern, Dieben und Wegelagerer überfallen zu werden …"

„Da kommt sie ja! Frag' sie doch!"

Dorothee kommt mit ihrem Tragkorb angerannt. Sie hat zwei Laibe Brot im Korb, packt sie aus, ritzt ihr Muster ein und legt sie zu den anderen Broten.

„Ich kann nicht immer nur koscher essen. Und das jüdische ungesäuerte Brot – die Mazzen – mag ich auch nicht immer. Aber Madame Kaulla erlaubt mir, dass ich bei Euch mein eigenes Brot backen darf."

„Sag' mal, wie kommst Du als Evangelische eigentlich dazu, bei Juden zu dienen?"

„Phh! Das ist einfach: Sie zahlen gut und sie behandeln einen gut. Eine bessere Stellung hätte ich gar nicht finden können. Alle Dienstmädchen in jüdischen Familien sind Christinnen. Ohne uns ginge nämlich am Sabbath gar nichts. Kochen ist Arbeit – also am Sabbath verboten. Heizen ist auch Arbeit – also auch verboten. Wer am Sabbath ein warmes Essen in einer warmen Stube haben möchte, braucht ein christliches Dienstmädchen. Und den Sonntag haben wir frei."

„Trotzdem! Arbeiten bei den Juden! Wie kommen die eigentlich immer an das viele Geld, das sie verleihen? Du müsstest es doch wissen! Du siehst doch bestimmt die Thaler, Gulden, Dukaten, Goldmünzen, Heller und Pfennige!"

„Ich sehe gar nichts! Das große Geld gibt es nur auf dem Papier. Geschrieben auf Hebräisch! Madame Kaulla hat mir das einmal erklärt. Wenn der Fürst Geld braucht, kann der nicht zu einer Bank gehen, denn Banken gibt es nur in italienischen Städten. Er holt sich das Geld von seinen „Hofjuden". Die heißen auch Hoffaktoren. Die haben das Geld aber auch nicht. Also fragen sie in der jüdischen Gemeinde, wer ihnen etwas leiht. Natürlich gegen Zinsen. Gemeinsam geht man zum Rabbi und unterschreibt einen Vertrag.

Den unterschreibt der Rabbi auch und damit ist der Schuldschein gültig. Natürlich auf Hebräisch. Egal, wer den findet oder klaut – er kann nichts damit anfangen. Denn entweder kann er kein Hebräisch und versteht ihn deshalb nicht. Doch selbst wenn er ihn lesen könnte, langt das noch nicht: Er braucht einen Rabbi, damit der Schein wieder eingelöst wird. Wenn der Rabbi am Zielort nicht wieder unterschreibt, gibt es auch kein Geld. Wer kann bei uns schon Hebräisch? Ziemlich sichere Sache also. So kann man Geld von überall her nach überall hin transportieren, ohne einen Geldbeutel. Nur mit einem hebräischen Brief!"

„Wenn ich es recht verstanden habe, ist Deine Madame Kaulla gerade zur Hoffaktorin vom Fürsten zu Fürstenberg in Donaueschingen ernannt worden. Der will jede Menge Wald kaufen und eine Brauerei ausbauen, heißt es. So viel Geld haben die Hechinger Juden doch gar nicht. Die sind arme Viehhändler und Hausierer."

„Was im Kleinen funktioniert, funktioniert auch im Großen. Im Vertrauen: Madame Kaulla hat an die jüdische Gemeinde in Frankfurt und in Hamburg geschrieben. Verleih mit Zinsen. Auf Hebräisch. Die unterschreiben Schuldscheine bei ihrem Rabbiner. Der schickt den Schuldschein zum Rabbiner hierher. Der anerkennt ihn mit seiner Unterschrift – die Rabbiner kennen sich untereinander, schreiben sich auch sonst Briefe – und dann wirkt der Brief wie ein Wechsel. Das ist wie Bargeld. So machen es die italienischen Banken in Genua, Mailand, Pisa und Venedig auch. Die verwalten das auf einem Girokonto, zahlen mit Wechsel, im Voraus mit einem Cheque, wer schnell zahlt, bekommt Skonto. Ansonsten ist er im Obligo. Hab ich alles gelernt bei Madame Kaulla!"

Dorothee ist sichtlich stolz, als junge Frau im Kreis der gestandenen Bäckerinnen auftrumpfen zu können.

„Also, was mich betrifft, ich verstehe kein Wort!"

Karoline „Chaile" Kaulla

Genau so ging das Geschäft. Kein Herrscherhaus konnte ohne Geld leben und Kriege führen. Banken in unserem heutigen Sinne gab es nicht. Die alten Handelshäuser in den Freien Reichsstädten wie die Fugger und Welser hatten ausgespielt. Sie waren von den Spaniern im Geschäft mit Lateinamerika ausgebremst und zerrüttet worden, das gilt beispielsweise für die Welser. Oder sie waren im Gewürzhandel mit Indien und China über die Seidenstraße durch Spekulationen bankrott geworden. Den Handel mit Asien über die Seidenstraße übernahmen nun die oberitalienischen Städte mit richtigen Großbanken und Finanzpraktiken, die die Italiener von den mittelalterlichen Juden übernommen hatten. Den Handel über die Meere wiederum teilten sich die Holländische Ostindien-Kompagnie und, gestützt durch die Royal Navy, die englischen Handelsgesellschaften. Die deutschen Fürsten brauchten aber auch Geld, und das besorgten ihnen ihre Hoffaktoren.

So wurde die Familie Kaulla groß. Isak Raphael, der Vater von Karoline, war Hoffaktor im Dienste des Hauses Hohenzollern-Hechingen. Wenn der Hohenzoller Pferde, Pelze, Juwelen, Waffen und Geld brauchte, musste es ihm Isak Raphael besorgen. Dafür hatte er das Privileg, am Ort Buchau wohnen zu dürfen, jährlich ein Kopfgeld bezahlen zu müssen, dafür aber keine Steuern auf seinen Handel (der war ja schließlich für den Herrn), den allgemeinen Gesetzen nicht zu unterliegen, dafür aber der Hofordnung. Sprich: Privilegien, die jederzeit entzogen werden konnten und ihn von seinem Herrscher völlig abhängig machten.

Das Mädchen Chaile – auf deutsch Karoline – kam irgendwann 1739 in Buchau am Federsee zur Welt, bei Mädchen wurde das Geburtsdatum nicht so genau aufgeschrieben. Der Vater war nicht nur Hoffaktor, sondern auch der Vorsteher der jüdischen Gemeinde von Buchau.

Das Zentrum in der Synagoge war das Alte Testament. Also musste auch jeder lesen und schreiben können. Das war der Grund, warum alle Juden lesen und schreiben konnten – auch in mittelalterlichen Zeiten, als es für Christen normal war, Analphabet zu sein. Zudem war es den Christen durch die römisch-katholische Kirche verboten, mit Geld zu handeln. Als unter Barbarossa, dem Staufer, große Städte gegründet wurden wie etwa Hamburg, brauchte man dringend Kapital. Das aber konnten nur Juden beschaffen. Christen war das beim Höllenfeuer verboten. Logisch, dass so etwas Neid erzeugt. Die Schattenseiten des jüdischen Lebens übersah man dabei vorsichtshalber, das war bedeutend einfacher.

In einer aufgeklärten jüdischen Familie der Oberschicht war es im 18. Jahrhundert selbstverständlich, dass auch die Mädchen eine sehr gute Ausbildung erhielten. Denn die Frauen mussten immer einspringen, wenn der Chef des Hauses auf Reisen, im Gefängnis oder tot war. Das Geschäft ging weiter und wurde dann selbstverständlich von den Frauen geführt.

Also erhielt Karoline eine sehr gute Ausbildung durch einen Hauslehrer. Mit 18 Jahren wurde sie mit dem Pferdehändler Akiba (genannt: Kiefe) Auerbach in Hechingen verheiratet. Karoline wurde sie bei den Christen genannt, Chaile bei den Juden. Im täglichen Umgang hieß sie schließlich bei allen „die Kaulla". Sie machte aus dem Rufnamen eine Marke. Selbst ihr Mann nahm den Namen Kaulla an. Mit ihm hatte sie fünf Kinder, die den Ruf des Familienunternehmens Kaulla schließlich deutschlandweit bekannt machten.

Karolines Mann interessierte sich mehr für das Studium des Alten Testaments als für Pferde. Das brachte ihm zwar hohen Respekt in der jüdischen Gemeinde ein, nicht aber bei seinen wirtschaftlichen Partnern.

Also übernahm Karoline die Arbeit und die Leitung des Pferdehandels. Bald wurde sie eine Spezialistin dafür. Nach dem Tod ihres Vaters 1760 übernahm sie außerdem mit 21 Jahren dessen Großhandelshaus. Aus Chaile wurde endgültig Kaulla.

Als Madame Kaulla ging sie in die Geschichte ein. Im Alter von 29 Jahren wurde sie die Hoffaktorin des Fürsten von Fürstenberg. Sie arbeitete so erfolgreich für den Landesherrn, dass sie an eine weitere Karriere in diesem Metier denken konnte und sich 1770 um die Stelle der Hoffaktorin des Herzogs von Württemberg in Stuttgart bewarb.

Ein Finanzier des Herzogtums wurde dringend gebraucht. Denn die Stelle und Funktion war schon seit 1738 vakant. Ihr Vorgänger war niemand anders als Joseph Süß Oppenheimer, der, Opfer eines Justizmords, in Stuttgart auf dem Pragsattel hingerichtet wurde. Joseph Süß Oppenheimer war der Finanzminister von Herzog Carl Alexander gewesen, den die evangelischen Schwaben schon deshalb nicht mochten, weil er katholisch war. Erst recht mochten sie ihn nicht, weil er das verkrustete Württemberg reformieren wollte und es mit der Hilfe von „Jud Süß Oppenheimer" auch tat. Was wiederum der herrschenden Klasse der „Ehrbarkeit" nicht gefiel. Fünfzehn bis zwanzig Familien in Württemberg teilten sich alle bedeutenden Stellen in Kirche, Heer und Verwaltung, Universitäten und Manufakturen. Sie heirateten nur untereinander und es ging ihnen prächtig in diesem System von Klüngel, Vetternwirtschaft und Korruption. Als der Herzog plötzlich starb, war der Finanzminister dran. Da er Jude war, war es einfach. Es wurde einer der spektakulärsten Justizmorde in der deutschen Geschichte. Noch die Nazis versuchten mit dem Film „Jud Süß" von Veit Harlan Nutzen aus diesem Antisemitismus zu ziehen.

Nach diesem Mord wollte niemand mehr Finanzminister in Württemberg werden. Aber auch die neuen Herrscher brauchten

Geld. Sogar dringend. Schließlich musste Ludwigsburg weiter ausgebaut werden. So viele württembergische Soldaten konnte man gar nicht ins Ausland verkaufen, wie nötig war, um das dafür notwendige Geld zu besorgen. Kredite mussten her. Aber niemand wollte den Job. Madame Kaulla bewarb sich und bekam den Zuschlag.

Durch die Französische Revolution wurden die Zeiten unruhig und die Systeme brüchig. Napoleons Aufstieg brachte das alte System durcheinander. Die Habsburger mussten in den Niederlanden eine Armee gegen die Franzosen aufstellen. Dazu brauchten sie einen Finanzier. Nun kann man nirgends so viel Geld verdienen wie beim Aufstieg oder Niedergang einer Nation. Nur geht es beim Niedergang einer Nation schneller. Madame Kaulla und ihre Brüder, später ihre Kinder, wussten das und scheuten das Risiko nicht.

Madame Kaulla wurde Heereslieferantin für die Habsburger in den Niederlanden. Vom Pferd über die Waffen, vom täglichen Mehl für die Truppenverpflegung über den Sold der einfachen Soldaten finanzierte sie alles. Sie wurde wohlhabend.

Reich wurde sie durch die sogenannten Koalitionskriege des europäischen Adels gegen Napoleon ab 1792. Als Truppenversorgerin der Habsburger wurde sie die reichste Frau Deutschlands. 1797 erhielten die Geschwister Kaulla den „Hofschutz" in den Residenzen Stuttgart und Ludwigsburg. Nun durften sie sogar Häuser kaufen. Bereits 1798 wurde das Privileg wieder zurückgenommen, weil die Stuttgarter und Ludwigsburger Bürgerschaft und Kaufleute Sturm dagegen liefen. Besonders gegen Madame richtete sich der Protest. Weil sie eine Frau war. Als 1800 ihr Bruder Jakob zum württembergischen Hoffaktor ernannt wurde, gab es keinen Protest mehr.

Daraus klug geworden, benannten die beiden ihre Firma in „M. & J. Kaulla" um – das „M" stand für „Madame" – und eröffneten ihren neuen Hauptsitz 1802 in Stuttgart. Das Geldgeschäft gliederten sie aus und schufen so die erste Privatbank in Stuttgart. Herzog Friedrich II. stieg mit 50 Prozent Beteiligung ein. So entstand die erste Hofbank. Natürlich wusste niemand etwas von der Beteiligung des Herzogs. Ziel der Bank war nicht nur die Abwicklung der Geldgeschäfte des Hofes, sondern auch die Bereitstellung von Darlehen für Unternehmensgründungen. Das war Madame wichtig. Heute würde man sie als Förderin und Finanzier von Start-ups bezeichnen.

Herzog Friedrich II. wurde 1806 König Friedrich I. von Württemberg. Indem er eine neue Verwaltungsstruktur einführte, machte er sich zum Feind der Ehrbarkeit. Bis heute erhält er deshalb schlechte Noten in Württemberg. Dabei war er in vielem seiner Zeit voraus. Madame Kaulla finanzierte ihn. Dafür wurden sie und ihre Familie bereits 1806 zu vollberechtigten Bürgern Württembergs ernannt. Sie waren die ersten gleichberechtigten Juden Württembergs.

Ihre Bank wurde in „Königlich Württembergische Hofbank"
umbenannt. Bis 1915 wurde sie von Mitgliedern der Familie Kaulla
geleitet. 1924 ging sie in der Deutschen Bank auf.

1807 erhielt Madame das württembergische Salzmonopol und
dieses Monopol behielt ihre Familie bis 1814. Nur sie durfte Salz
verkaufen. Das galt auch für das neu erschlossene Salzbergwerk
Bad Friedrichshall. 1807 erhielt Madame von Kaiser Franz II. die
Große Kaiserliche Verdienstmedaille an goldener Ehrenkette. Hö-
her hinauf ging es für einen nichtadeligen Menschen im österrei-
chischen Kaiserreich nicht.

Wer aber nun glaubt, die Kaullas könne man zum „großbürgerlichen Finanzjudentum" zählen und beschimpfen, irrt. Wobei
Antisemitismus ja keine logische Begründung braucht. Hauptsache, man kann auf jemanden eindreschen.

Madame Kaulla gehörte 1807 zu den Gründern des Stuttgarter
Kulturzirkels „Museumsgesellschaft", ohne den in Stuttgart die
bürgerlichen Theater und später die Oper nicht denkbar gewesen
wären. Sie richtete auch die erste jüdische Gebetsstube in Stuttgart
ein, aus der die jüdische Gemeinde entstand. Viele Jahre davor
schon unterstützte sie in Hechingen ein Heim für obdachlose Juden, eine Schule und eine Bibliothek.

Am 18. März 1809 starb Madame Kaulla in Hechingen. Auf
dem jüdischen Friedhof ist bis heute ihr Grab erhalten.

Stuttgart wäre im Königreich nicht so stark gewachsen ohne
Madame Kaulla. Normalerweise wäre das ein Denkmal und eine
Straße wert. Nicht so in Stuttgart. Ein Denkmal gibt es nicht. Aber
es hat zu einer vorübergehenden Karoline-Kaulla-Passage nahe
dem Stuttgarter Hauptbahnhof gereicht. Seit 1993 gibt es immerhin einen Karoline-Kaulla-Weg. Wenn das Gebiet „Stuttgart 21"
bebaut ist, wird es aber auch diesen Weg nicht mehr geben. Der
geht dann in der neuen Athener Straße auf.

Johanna Christiana Gok

**Die Mutter Hölderlins: Strenge?
Liebe? Beherrschend?
Oder: beherrschende
strenge Liebe?**

(* 8. Juli 1748, Frauenzimmern;
† 17. Februar 1828, Nürtingen)

Das Hochwasser ist gebändigt. Nürtingen am Neckar ist nicht mehr be-droht, auch wenn in Teilen der unteren Stadt am Neckar noch kräftig auf-geräumt werden muss. Bürgermeister Johann Christoph Gok hat Tag und Nacht zusammen mit den Bürgern und Bürgerinnen gearbeitet, um die größ-ten Überschwemmungen abzuwehren. Mehr als einmal ist er tief in der Nacht völlig durchnässt nach Hause gekommen.

Das Leben normalisiert sich. Das Backen hat auch wieder begonnen. So treffen sich am 13. März 1779 die Frauen im Backhaus. Natürlich gibt es über die Beinahe-Katastrophe viel zu erzählen, als auf einmal Elisabeth atemlos in die Backstube stürzt.

„Stellt Euch vor, was ich gerade gehört habe: Heute Morgen ist der Bür-germeister Gok gestorben. An einer Lungenzentzündung. Die hat er sich beim Hochwasser geholt. Gerade habe ich es erfahren, als ich an seinem Haus vor-bei gegangen bin und das viele Weinen gehört habe."

„Der Bürgermeister! So jung, der ist doch gerade erst 31 geworden! So wie seine Frau Johanna! Die ist auch noch hochschwanger. Mit ihrem ersten Kind!"

„Mit ihrem siebten, wenn Du es genau wissen willst. Die war doch schon mal verheiratet und brachte zwei Kinder mit – den Frieder und die Ri-ke! Die anderen vier sind alle gestorben!"

„Und jetzt zum zweiten Mal Witwe. Die Eltern sind auch schon tot, genauso die Schwägerin, die sie so gemocht hat, und auch die Geschwister. Die Bürgermeisterin mit ihren 31 war schon auf mehr Beerdigungen als Taufen."

„Arme Frau!"

Die Rolle der armen Frau nimmt sie an. Heiratet nie mehr. Versorgt sich und ihre Kinder aus dem Erbe. Tritt immer ärmer auf, als sie tatsächlich ist. Und versorgt ihren Ältesten über ihren Tod hinaus – Friedrich Hölderlin.

Johanna Christiana Gok

Die Witwe Johanna Christiana Gok, verwitwete Hölderlin, geborene Heyn, Mutter eines der bedeutendsten Dichter Deutschlands, ist eine Frau, die Rätsel aufgibt. Von ihr sind zehn Briefe an ihren Sohn erhalten, 73 Briefe von Hölderlin an seine Mutter haben die Zeitläufte überlebt. Dazuhin Briefe der Geschwister, der Freunde Hölderlins, Berichte der Tübinger Familie Zimmer, die Hölderlin in seinem Turm über dem Neckar versorgte – und jede Menge Abrechnungen der Mutter. Denn die führte über alles genau Buch.

Es muss noch viel mehr gegeben haben. Aber nach ihrem Tod durchforstete ihr Sohn aus zweiter Ehe, Karl Gok, der Stiefbruder von Frieder Hölderlin, gründlich die Korrespondenz. Die meisten Schriftstücke wurden entsorgt, verbrannt, weggeworfen. Da gingen aus heutiger Sicht Schätze verloren.

Wer war diese Frau, die so mächtigen Einfluss auf Hölderlins Schaffen und Leben hatte? Ein Schaffen, von dem sie gar nichts hielt. Das viele Dichten brachte doch nichts ein. Pfarrer sollte der Frieder werden.

Für den Herausgeber der Gesamtausgabe Hölderlins, Adolf Beck, war sie eine liebevolle und fürsorgliche Mutter, die in einer Zeit, in der eine Frau und Witwe nichts galt, das Beste aus ihrer Lage machte und alle ihre Kinder gut versorgte. Pierre Bertaux mischte 1978 die gesamte Hölderlin-Gemeinde auf, indem er ihr mütterliches Verhalten als Auslöser der Krankheit Hölderlins beschrieb. An ihr wurde Hölderlin irre. Die Schülerin von Bertaux, Eva Carstanjen, setzte 1987 noch einen drauf: Die einzige Frau, die Hölderlin geliebt habe, sei seine Mutter gewesen. Das ist eigentlich nichts Neues, wenn man sich an Sigmund Freud orientiert. Laut Freud heiratet jede und jeder immer nur die zweitbeste Lösung.

Die beste Lösung wäre Vater oder Mutter gewesen. Doch ging – und geht – die Hölderlin-Gemeinde bis heute davon aus, dass Hölderlins wahre Liebe nur einer gegolten hat: Susette Gontard aus Frankfurt – seine Diotima in seinem „Hyperion". Peter Härtling brachte mit seinem „Hölderlin" 1994 die Hölderlin-Anhänger nochmals in Aufruhr mit seiner These einer erotischen Beziehung der Mutter zum Sohn, die zugleich enttäuschte Liebe und Kränkung gewesen sei.

Wer aber war nun Hölderlins Mutter?

Johanna Christiana Heyn wurde am 8. Juli 1748 als Tochter von Pfarrer Johann Heyn und seiner Frau Johanna Sutor in Frauenzimmern geboren. Über die Familie Sutor war sie deshalb mit Regina Bardili verwandt. Das lässt in schwäbischer Genealogie Bewanderte aufhorchen. Wird die Tübingerin Bardili doch als „schwäbische Geistesmutter" bezeichnet. Schiller, Schelling, Hegel, Hauff, Uhland, Ottilie Wildermuth – und eben auch Hölderlin haben sie in ihrem Stammbaum. Also galt die Familie Heyn schon etwas im Herzogtum.

Die Familie gehörte sozusagen dem pietistischen Adel an. Mutter und Tochter waren im selben Geist erzogen und gaben diesen auch an Kinder und Enkel weiter. Gemeinsam sogar, denn die beiden lebten lange in einem Haushalt zusammen. Von einem Streit zwischen Mutter und Tochter ist nichts überliefert.

Pietismus damals war der Versuch, aus allgemeinen Glaubensdogmen (Die lutherischen Bekenntnisschriften) persönliche Glaubensinhalte und Frömmigkeitsformen zu entwickeln und zu leben. Parallel zur Aufklärung wurde das „Ich" entdeckt, die Persönlichkeit, das Individuum. Gleichzeitig ging es um Prägung des Menschen. Das war die Geburtsstunde der Pädagogik. Der Mensch kann durch Bildung und Erziehung geformt und erzogen werden. Nur verengten manche das auf die Bibel als alleinige Richtschnur und den persönlichen Frömmigkeitsstil. Sie entwickelten Anleitungen zur persönlichen Frömmigkeit – der pietas – und wurden als Pietisten verlacht. Aufklärung und Pietismus gingen von nun an eigene Wege und trennten sich. Die Pietisten nahmen den Schimpfnamen als Ehrenbezeichnung auf und nannten sich nun selbst so. Aus allen Landeskirchen wurden sie vertrieben und hinausgeworfen. Nur die Württemberger integrierten sie. Mit dem „Pietistenreskript" von 1743 wurden sie in der evangelischen Landeskirche beheimatet. Das prägt die württembergische Landeskirche bis heute.

Die junge Pietistin Johanna Heyn war bildhübsch. Das sieht man ihrem Bild von 1767, gemalt ein Jahr nach ihrer Hochzeit mit 18 Jahren, noch heute an. Der Lauffener Klosterhofmeister Heinrich Friedrich Hölderlin war zwölf Jahre älter als sie und kein Pietist. Als wohlhabend und lebenslustig wird er beschrieben. Kein Draufgänger, kein Lebemann, vielmehr pflegte er ein offenes Haus und war ein guter Gastgeber und Gesellschafter. Vielleicht hat Johanna gerade das an ihm angezogen – als Gegenentwurf zu ihrem Leben, in dem sie sich täglich vor Gott und dem eigenen christlichen Gewissen verantworten und bewähren musste. Jedenfalls brachte er ein nicht unbeträchtliches Vermögen mit, das später noch Hölderlins Leben in Tübingen finanzierte. Allerdings wohl nur deshalb, weil Mutter Hölderlin mit Argusaugen darüber wachte und es zusammenhielt.

Drei Kinder wurden geboren. 1770 Friedrich, dann eine Tochter 1771, die gleich bei der Geburt starb, und 1772 Heinrica, von Hölderlin zärtlich Rike genannt. Hölderlin war zwei Jahre alt, als sein Vater mit 36 Jahren an einem Schlaganfall starb.

Die beiden Witwen – Mutter und Tochter – lebten noch zwei Jahre in Lauffen, zogen dann 1774 nach Nürtingen. Dort heiratete Johanna den gleichaltrigen Weinhändler Johann Christoph Gok noch im gleichen Jahr. Gok – gelegentlich auch Gock geschrieben

– gehörte nicht zur württembergischen „Ehrbarkeit", also nicht zum bürgerlichen Adel. Denn diese Ehrbarkeit – fünfzehn bis zwanzig Familien – bestimmte das gesellschaftliche Leben im Herzogtum und teilte mehr oder weniger alle bedeutenden Stellen in Verwaltung, Militär und Kirche unter sich auf. Wirtschaft und Industrie spielten damals keine Rolle, sonst hätte man deren entscheidende Posten auch noch mit seinesgleichen besetzt. Andere Adelige als Konkurrenten gab es in Württemberg diesbezüglich auch nicht. Es gab nur den Herzog, und der musste sich mit der Ehrbarkeit jedes Jahr wegen der Finanzen herumstreiten. Was in Württemberg zum guten Ton gehörte. Gok gehörte nicht zu dieser Gesellschaft. Aber er hatte es durch seinen Weinhandel zu einem gewissen Wohlstand gebracht, wurde Kammerrat und schließlich Bürgermeister der Stadt Nürtingen. Nun war Johanna Gok, die Witwe Hölderlin, „Frau Bürgermeisterin". Das war auch etwas.

Nach dem Tod ihres zweiten Mannes war sie wieder Witwe, und wieder ein Niemand. Das wusste sie genau. Noch andere Kinder waren geboren worden, nur Sohn Karl überlebte. Die Witwe Gok musste sich und die Familie finanzieren und das von Hölderlin geerbte Vermögen für ihre Kinder zusammenhalten.

Schon früh hatte sie die Begabung von Friedrich, ihrem Ältesten, erkannt. Die Eltern konnten sich die teure Lateinschule leisten, ja sogar lateinischen Extraunterricht für Friedrich. Als Witwe wollte sie sich das für ihren ebenfalls begabten Sohn Karl schon nicht mehr leisten. Er durfte nicht studieren, brachte es aber trotzdem mit seinen Kenntnissen um den württembergischen Weinbau zu solcher Bedeutung, dass er vom württembergischen König sogar geadelt wurde: Karl von Gok. Die Ausbildung von Tochter Rike kam über die allgemeine Volksschule nicht hinaus – damals typisch für Mädchen.

So gefördert, schaffte es Friedrich auf die Klosterschulen Denkendorf und Maulbronn, dann sogar ins Evangelische Stift nach

Tübingen. Dort teilte er sich eine Schreibstube mit Hegel und Schelling. Aber auch mit Sinclair und Neuffer war er dort befreundet. Diese beiden Freundschaften hielten fast ein Leben lang und wurden dann jeweils von Hölderlin beendet. Seine alten „besten" Freunde, Hegel und Schelling, besuchten ihn nie in seinem Tübinger Turm. Seine Mutter auch nicht. Sie verließ Nürtingen bis zu ihrem Tod mit 80 Jahren nie, auch nicht, um ins gar nicht so weit entfernte Tübingen zu kommen. Ein Rätsel bis heute.

Für die Mutter war klar: Friedrich wird Pfarrer. Eine bessere gesicherte Existenz konnte man sich in Württemberg nicht vorstellen. Beamter bis zum Tod mit relativen Freiheiten im Berufsleben. Ein württembergischer Pfarrer konnte in seiner Dienstzeit mit moussierenden Weinen experimentieren und fast den Sekt erfinden (der Prälat von Maulbronn), mit Bienen imkern (fast alle), sich der Höhlenerkundung der Schwäbischen Alb widmen (auch sehr viele) und eine mechanische Werkstätte betreiben und so eine der ersten Rechenmaschinen bauen (Philipp Matthäus Hahn). Das alles sollte Friedrich auch können.

Das aber war Friedrich ein Graus. Weil er sich nicht um eine Pfarrstelle kümmerte, tat sie es. Sie wurde immer wieder fündig und schlug ihm persönlich, wenn er nach jeweiligem Misserfolg als Hauslehrer wieder in Nürtingen weilte, oder eben brieflich die recherchierten Pfarrstellen vor. Sie recherchierte die Stellen aber nicht nur, sondern fädelte sie auch beim damaligen Oberkirchenrat in Stuttgart ein. Dort saß immer irgendein Verwandter an einer entscheidenden Stellung – die Urahnin Regina Bardili ließ grüßen.

Nach dem Studium ging Hölderlin also nicht ins Pfarramt, sondern nach Nürtingen. Die Mutter suchte eine Pfarrstelle. Hölderlin wurde Hauslehrer, vermittelt von Friedrich Schiller. Der auszubildende Knabe von Charlotte von Kalb, einer Freundin Schillers, war aufsässig. Hölderlin schmiss hin. Die Mutter suchte wieder eine Pfarrstelle, wurde fündig. Hölderlin flüchtete nach

Frankfurt. Dort wurde er Hauslehrer in der Kaufmannsfamilie Gontard. Der Herr war nie zu Hause, Hölderlin verliebt sich in seine Frau Susette. Sie sich auch in ihn. Alles musste heimlich sein. Er schrieb seinen „Hyperion" fertig – endlich hatte er seine angebetete Diotima gefunden. Der Ehemann kam dahinter, Hölderlin flog raus. Bis 1800 hielt er sich in Homburg auf, blieb also in der Nähe, die beiden trafen sich heimlich, schrieben sich. Leiden! Hölderlin war pleite und am Ende seiner Nerven, er musste nach Nürtingen zurück. Die Mutter hatte schon wieder eine Pfarrstelle gefunden. Er floh in die Schweiz. Nach langem Fußmarsch fand er dort eine Stelle als Hauslehrer. Flog wieder raus, weil zu liberal. In Nürtingen wurde er schon erwartet. Die Mutter hatte die Pfarrstelle in Neckartailfingen, ganz in der Nähe von Nürtingen, ganz sicher ausgemacht. Hölderlin floh erneut. Nun ging es zu Fuß nach Bordeaux. Er hielt es dort aber nur kurz aus, nach einem halben Jahr war er abgemagert, zerlumpt und völlig vernachlässigt wieder zu Hause.

Die Mutter nahm ihn auf. Er tobte und raste im Haus. War nachts ununterbrochen im Zimmer unterwegs, um ein Versmaß zu finden. Das sollte er noch jahrzehntelang in seinem Turm in Tübingen so halten. Stiefbruder Karl war entsetzt. Was sollten die Leute von der Familie denken? Hölderlin musste weg. Karl sah seine Karriere in Gefahr.

Friedrich brach wieder auf. In Homburg besorgte ihm sein alter Tübinger Freund Sinclair eine Stelle bei Hofe. Das Gehalt reichte nicht. Sinclair übernahm einen Anteil, damit Hölderlin überleben konnte. Hölderlin brach die Freundschaft mit ihm ab, als gegen Sinclair wegen Hochverrats ermittelt wurde. Auch Sinclair war am Ende seiner Kräfte und schrieb Frau Gok, sie möge ihren Sohn abholen lassen. Es ginge nicht mehr. Er könne nicht mehr. Das galt für beide.

Mutter Hölderlin handelte. Sie ließ ihren Sohn in Homburg in einer Zwangsjacke abholen und nach Tübingen bringen. Dort hatte neben der alten Universität – der Burse – Johann Heinrich Autenrieth die heutige Universitätsklinik Tübingen gegründet. Von ihm hatte Mutter Hölderlin gehört und schaffte es, eines der wenigen neuen Krankenbetten für ihren Sohn zu reservieren. Damals trennte Autenrieth medizinische Bereiche der Universität auf – das war etwas Neues – und schuf erstmalig ein Hospital, wo das praktische Lernen am Krankenbett möglich war. Autenrieths Hospital machte sich ab 1805 als „Irrenanstalt" einen Namen. Zum ersten Mal in der Geschichte ging es nicht ums Wegschließen von psychisch Kranken, sondern um ihre Heilung. Wenn auch mit brachialen Methoden. Durch die „Autenrieth'sche Maske" wurden sie am Schreien gehindert, mit der „Autenrieth'schen Märtyrersalbe" wurde der kahl rasierte Kopf eingerieben und so künstlich Geschwüre erzeugt, um das gemarterte Gehirn zu entlasten. Quecksilber half auch, das wusste schon der Arzt Friedrich Schiller, der das bei sich selbst anwandte. Was nach Aussagen von Medizinern mit zu seinem frühen Tod führte. Aus heutiger Sicht alles Folter und Tortur, damals das Modernste der Medizin. Autenrieth wurde geadelt und später zum Leibarzt des Königs befördert.

Hölderlin, der am 15. September 1806 dort eingeliefert wurde, wurde am 3. Mai 1807 nach all den Torturen und Foltern als „unheilbar" entlassen. Genau gegenüber der Burse in einem auf der alten Stadtmauer gebauten Haus betrieb Ernst Zimmer im vorgesetzten alten Stadtturm unten eine Schreinerei. Ungewöhnlich für einen Schreiner, kannte er die frühen Veröffentlichungen Hölderlins, verstand sie auch, wurde zu einem Fan und erklärte sich bereit, gegen Kost und Logis den Dichter in seinem Turm im Zimmer über der Werkstatt zu übernehmen. Mutter Hölderlin handelte mit dem Schreiner schriftlich die Konditionen aus. 36 Jahre lang wohnte Hölderlin in diesem Zimmer. Gelegentlich durfte er in den Garten. Wenn Hölderlin in die Stadt wollte, einmal sogar nach Nürtingen, um seiner Mutter sein Geld wegzunehmen, nahmen ihm die Zimmers die Schuhe weg. Auf Strümpfen wanderte Hölderlin nicht.

Die Zimmers schrieben regelmäßig Berichte. Mutter Hölderlin führte über jeden Pfennig Buch. Auch schrieb sie an ihren Sohn. Der vermied es zu antworten und schrieb sehr selten. Wenn schon, dann in einem überdrehten, affektierten Stil, der inhaltlich nichts aussagte, aber voller Floskeln war. Zeitgemäß zwar, aber nichtssagend. Als Ernst Zimmer starb, übernahm seine Tochter die Pflege und Versorgung von Friedrich Hölderlin.

Vermutlich war Friedrich Hölderlin in den Augen seiner Mutter „verrückt", gemäß den Maßstäben der damaligen Zeit und dem Weltbild der Mutter „daneben" – im Wortsinn „ver-rückt" also. Aber vielleicht war der Dichter das gar nicht – spielte nur der Welt etwas vor. War in seinen Gedanken, in seiner Welt, in seiner Antike, in seinem Griechenland, das er beschrieb wie kein anderer, obwohl er dort nie war. Vielleicht spielte er der Welt tatsächlich etwas vor. Etliche gehen heute von einer bipolaren Störung aus, bei der manische und depressive Phasen sich abwechseln.

„Scartare" ist italienisch und bedeutet, einen Menschen auszuschließen. Hölderlin sprach etwas Italienisch. Bis heute ist unklar, wo und von wem er das gelernt hatte. Aus der deutschen Verkleinerungsform „lin" in seinem Namen machte er das italienische „nelli". „Hölder" strich er aus seinem Namen, schrieb dafür „Scarda" und schuf sich einen neuen Namen: Scardanelli.

In Italien gab es einen politischen Revolutionär, Filippo Buonarotti. Schreinermeister Zimmer vermietete auch an Studenten. Ein Tübinger Medizinstudent, der bei ihm wohnte, versuchte die radikalen Ideen Buonarottis unter die Schwaben zu bringen. Vermutlich hat er sie auch Hölderlin erzählt, der ja mit vielen Ideen der Revolution durchaus sympathisierte. Insgesamt ging die Sache schief, der Student landete im Gefängnis.

Aber Hölderlin narrte seine Besucher nun immer wieder mit Namen wie Scardanelli oder Buonarotti. Auch seine Mutter verwirrte er damit, er unterschrieb so Briefe und Gedichte. Die Ausgeschlossenen lassen grüßen. Oder die, die sich selbst ausgeschlossen haben. Dann aber wäre die andere Welt „verrückt".

Scardanelli oder Buonarotti oder Hölderlin – egal! Für ihn musste gesorgt werden. Das tat Mutter Hölderlin auch. So ließ sie sich die Vormundschaft für Friedrich nicht nehmen. Weder von ihm, der zu schwach war, sein Erbe gerichtlich durchzusetzen, noch von ihrer Tochter Rike, deren Ehemann jahrelang versuchte, an das Vermögen heranzukommen, um es selbst zu nutzen und zu verwalten, noch von ihrem Sohn Karl, der sie immer bedrängte, ja nicht zu viel für Friedrich auszugeben und ja sparsam zu sein. Was sie ohnehin war. Ihm war nach dem Tod der Mutter, obwohl bereits selbst vermögend, nur daran gelegen, so schnell wie möglich das Erbe aufzuteilen. Für seinen Halbbruder Friedrich interessierte er sich nie mehr. Das hatte Mutter Hölderlin geahnt und das Vermögen so angelegt, dass auch nach ihrem Tod für den kranken Friedrich gesorgt war. Die Zimmers hatten einen festen Etat.

Die Mutter schrieb häufig an ihn, sie würde sich freuen, wenn er doch wieder einmal schreiben würde, dass „Du die Liebe Deinige noch liebst, und an uns denkest". Und sie schickte „ein Wämsle und vier Paar Strümpf und ein Paar Handschuh als einen Beweis meiner Liebe". In jedem Brief bat sie ihn, „... die Pflichten gegen unseren lieben Gott nicht zu versäumen".

Hölderlin konnte aber auch anderes schreiben als hohle Phrasen. In einem der Briefe an seine Mutter steht keine einzige von diesen gekünstelten Floskeln, vielmehr: „Die Güte unserer lieben Mutter beschämt mich so unendlich. Wäre sie nicht unsere Mutter, und widerführe diese Güte nicht mir, ich müsste doch ewig mich freuen, dass eine solche Seele auf Erden ist."

Welches Bild soll man sich also von dieser Frau machen? Eines ist klar: Hölderlin ist in seiner Bedeutung und seinem Schaffen nicht ohne die Beziehung zu seiner Mutter zu verstehen. Und deren Lebensleistung kann nicht ohne die Beziehung zu ihrem Sohn gesehen werden. Die beiden bleiben verwoben – mit und ohne Diotima.

So bleibt das Wesen der Mutter so geheimnisvoll wie das Wesen des Dichters. Damit bleibt wohl auch die Frage, wie „verrückt" er wirklich war, für immer ungelöst.

Jenny Marx

Mehr als nur die Frau an seiner Seite

(* 12. Februar 1814, Salzwedel;
† 2. Dezember 1881, London)

*Große Aufregung im Backhaus in Botnang, zwei Tage nach der „Kirbe",
dem Kirchweihfest. Kulturkampf in Botnang. Die Frauen haben die Brote
„eingeschossen". Jetzt müssen sie warten, bis sie fertig sind und aus dem Ofen
geholt werden können.*

*Emilie, die sie Emy nennen, hat die neueste Ausgabe der „Schwäbischen
Tagwacht" dabei. Am 1. September 1890 darf die Tageszeitung der Sozialdemokraten in Württemberg zum ersten Mal erscheinen. Sofort ist sie die wich-
tigste Quelle der Sozialdemokraten in Württemberg.*

*Das ist die richtige Zeitung für die Botnanger. Denn Botnang ist das
ärmste Arbeiterdorf rund um Stuttgart. Es gibt nur Wald – der dem König
gehört – und praktisch keine Anbauflächen für die Landwirtschaft. So gibt es
auch nicht das „schwäbische Modell": Jeder betreibt neben seinem Beruf auch
noch eine Nebenerwerbslandwirtschaft. Ergebnis: Botnang ist bettelarm. Die
Männer sind schlecht bezahlte Arbeiter und gehen durchs Feuerbacher Tal
entweder zur Industrie nach Feuerbach oder in die Steinbrüche auf den Killes-
berg. Die Mädchen und jungen Frauen ziehen über den Botnanger Sattel in
den bürgerlichen Stuttgarter Westen, um in den Familien des Bildungsbürgertums als Dienstmädchen oder als Wäscherin zu arbeiten. Botnang ist Pro-
letariat. Das gibt es so ausgeprägt sonst nirgends in Württemberg.*

„Dem haben sie's gegeben!" Emy ist ganz außer sich und schlägt mit der Faust in die Luft.

„Emy, was ist los?"

„Unser Botnanger Pfarrer hat am Kirchweihfest gegen die Sozialdemokraten gewettert! In seiner Kirche war fast niemand und er hat den Sozialdemokraten die Schuld daran gegeben, dass fast niemand mehr in den Gottesdienst käme. Die Sozis seien keine Menschen mehr, hat er gepredigt, sondern Tiere! Aber unsere Botnanger Männer haben ihm in einem Artikel in der Schwäbischen Tagwacht geantwortet und ihm die Meinung gegeigt. Er solle sich etwas mehr an die Bibel halten und die christliche Nächstenliebe nicht durch Schimpfereien auf den gedrückten Arbeiterstand ausüben! Bravo!"

„Zeig her! Ja, hier steht es. Und die Arbeiter fordern ihn noch auf: ‚Fahren Sie ruhig so fort, Herr Pfarrer, und in kurzer Zeit werden Sie bloß noch vor leeren Bänken zu predigen haben.'"

Aber Emy weiß noch mehr: „Ich wasche doch bei der Familie Bosch im Stuttgarter Westen! Und stellt Euch vor: Im Stockwerk über den Boschs wohnt Karl Kautsky – der Freund von Friedrich Engels. Den habe ich bei den Boschs kennengelernt und ihn nach Karl Marx und Friedrich Engels befragt."

„Was! So jemand kennst Du?"

„Ha ja!" Emy kokettiert ein bisschen. „Er hat mir sogar etwas von Jenny Marx erzählt! Er hat sie nämlich noch erlebt und ist bis heute tief von ihr beeindruckt!"

„Jetzt muss ich mich hinsetzen! Jenny, die Frau von Karl Marx? Und Du weißt was von der? Man erzählt sich, dass der Karl gar nichts hinbekommen hätte ohne seine Jenny!"

Jenny Marx, geborene Johanna Jenny von Westphalen

Eigentlich war ihre Zukunft voraussehbar. Als Ehefrau an der Seite eines hohen preußischen Offiziers oder Beamten wäre ihr Aufstieg in das Bildungsbürgertum sicher gewesen, der Wohlstand selbstverständlich. Jenny von Westphalen wurde am 12. Februar 1814 in Salzwedel als Tochter des Landrats geboren. Zwei Jahre später wurde ihr Vater als Regierungsrat nach Trier versetzt. Sie galt als das schönste Mädchen der Stadt. Die Verehrer standen Schlange. Als sie 17 Jahre alt war, trat der Secondeleutnant Karl von Pannewitz an und warb als Erster um ihre Hand, erbat von ihrem Vater die Erlaubnis zur Verlobung. Der fragte Jenny, und Jenny lehnte ab. Weitere Absagen folgten. Schon bald galt sie als „Ballkönigin von Trier". Die Männer lagen ihr zu Füßen.

Wenn sie das gewusst hätten: Jenny hatte sich bereits ein Jahr zuvor heimlich mit dem Jurastudenten Karl Marx verlobt. Der hatte schon damals revolutionäre Gedanken. Jenny auch.

Sieben Jahre lang waren die beiden verlobt. Dann hatten sie endlich genug Geld, um zu heiraten. Die Hochzeit fand statt am 28. Januar 1843 in Kreuznach. Damit es auch alle mitbekamen, veröffentlichten sie ihre Trauung in Zeitungsanzeigen in Trier und Kreuznach. Das machte damals noch niemand, deshalb erregte es Aufsehen. Was auch neu war: Die beiden hatten selbst miteinander einen Ehevertrag ausgehandelt und unterschrieben. Jenny wusste, was sie wollte.

Ab 1843 lebten sie in Paris. Von dort aus korrespondierten sie mit den frühen Revolutionären in Deutschland. Alles, was Karl Marx geschrieben hat, wurde von Jenny gegengelesen und korrigiert. Das war ihr ganzes Leben lang so. Gemeinsam machten sie sich über die große Wallfahrt zum „Heiligen Rock" in Trier 1844 lustig, und sie half Engels und Marx, gegen den „Humbug mit dem heiligen Rocke" zu Trier zu schreiben, womit sie sich allerdings durchaus im Einklang mit aufgeklärten Katholiken befanden.

Die französische Polizei beobachtete die beiden. Der Hinweis kam von den Preußen, die den Rummel um den Heiligen Rock in Trier förderten, um ein gutes Verhältnis zwischen Berlin und dem Vatikan zu erhalten. Bismarck wollte das so, das Ehepaar Marx fand es abscheulich.

Am 25. Januar 1845 wurde die Familie Marx aus Frankreich ausgewiesen. Nun ging es nach Brüssel, das damals vergleichsweise liberal war. Aber auch dort standen sie unter Beobachtung. Am 31. Januar 1847 gab der Deutsche Arbeiterbildungsverein seinen Neujahrsempfang. Die hochschwangere Jenny Marx trat auf. Die Deutsche-Brüsseler-Zeitung schrieb, dass nach dem Bankett bei einer Vorstellung „Frau Dr. Marx ihr geniales Deklamationstalent entwickelte". Drei Tage später kam Charles Marx zur Welt, genannt „Mutsch".

Im Februar 1848 erschien in London das „Manifest der Kommunistischen Partei". Jenny hatte als Sekretärin ihres Mannes fungiert und einen großen Teil des Manuskripts geschrieben und sicherlich auch mit ihm darüber diskutiert. Zwar fand das Manifest wegen der praktisch gleichzeitig stattfindenden Revolutionen (u. a. Februarrevolution in Paris, Märzrevolution in den deutschen Staaten) zunächst wenig Aufmerksamkeit, doch nun war für die Brüsseler das Maß doch voll: Am 4. März wurde Karl Marx verhaftet, sie eine Stunde später, um dann nach 18 Stunden Haft zusammen mit ihrem Mann aus Belgien ausgewiesen zu werden.

Nun wurde es recht dramatisch. Jenny reiste nach Paris, dann nach Köln. Dort tauchte auch ihr Mann Karl wieder auf und gab die „Neue Rheinische Zeitung" heraus. Nicht in schwarzer Farbe, sondern in Rot gedruckt, erschien das Blatt nur einmal. Die erste und einzige Ausgabe veröffentlichte auch das „Kommunistische Manifest". Die preußische Zensur verbot es sofort, Karl Marx wurde als Staatenloser ausgewiesen, Jenny brachte alles Silber ins Pfandhaus. Die Familie traf sich in Paris und wurde erneut ausgewiesen, danach ging es nach London. 1849 wurde dort ihr Sohn Henry Guy Marx geboren. Guy deshalb, weil Anfang des 17. Jahrhundert Guy Fawkes das englische Parlament in die Luft sprengen wollte. Da Fawkes ein alter Name für Fuchs ist, wurde der kleine Henry „Föxchen" genannt. So viel bitterer Humor musste sein.

Zwei Jahre später wurde im Marx'schen Haushalt allerdings auch Henry Demuth geboren. Sohn von Helena Demuth, die den Marx' den Haushalt führte. Vater offiziell unbekannt. Viele Historiker*innen gehen davon aus, dass hier Karl am Wirken war.

Auch wenn kein Geld da war, führte die Familie Marx einen großbürgerlichen Haushalt – halt mit vielen Schulden. Friedrich Engels war der große Mäzen der Familie und schickte immer wieder Geld. Aber auch das reichte nicht. Karl Marx schrieb Artikel nach Artikel – auch für die Frankfurter Zeitung und Zeitungen in New York und Kanada. Gab es Honorar, wurde es in Kaviar, Hummer, Zigarren und Champagner umgesetzt. Gleich darauf wieder wochenlang gedarbt. „Standesgemäß" eben.

Jenny kümmerte sich um die Korrespondenz und die Artikel von Karl. Dessen Handschrift war schwer lesbar – um es positiv zu sagen. Damit die Redakteure seine Artikel überhaupt lesen konnten, schrieb Jenny sie ab und verschickte sie unter seinem Namen. Mit seinen Briefen hielt sie es ebenso. Sie organisierte die Haushaltskasse, ebenso die Honorare, und sorgte dafür, dass die Amerikaner und Kanadier das Honorar nicht einfach vergaßen, sondern entsprechende Geldwechsel für die Artikel über den Atlantik sandten. Nur mussten die Wechsel noch gegengezeichnet werden. Dies erledigte der Vormärz-Revolutionär Ferdinand Freiligrath, der in London für die „General Bank of Switzerland" arbeitete und das Geld auszahlte. So hielt Jenny jahrelang die Familie finanziell über Wasser.

Notiz am Rande: Als Ferdinand Freiligrath London verlassen musste, suchten ihn die Preußen steckbrieflich als Revolutionär. Er fand Unterschlupf im liberalen Württemberg, das ihn nicht auslieferte. Dort verstarb er in einer Cannstatter Weinstube und liegt auf dem Uff-Kirchhof in Cannstatt begraben. Sein Grab gibt es heute noch.

Jenny betrieb umfangreiche Korrespondenzen, auch ohne Karl. Sie tauschte selbstständig Briefe mit allen führenden Köpfen der revolutionären Arbeiterbewegung in Europa aus und verkehrte mit ihnen auf Augenhöhe.

Erst nach der Veröffentlichung des ersten Bandes von „Das Kapital" 1867 ging es der Familie finanziell besser. Aber es gab

nicht nur Geldprobleme. Zusammen hatten Jenny und Karl sieben Kinder, vier davon starben als Kleinkinder in ihren Armen. Champagner und Hunger lagen dicht beieinander. Der Hunger überwog. Miserable Lebensverhältnisse herrschten ständig und bei Jenny setzten Depressionen ein. 1876 wurde bei ihr Krebs diagnostiziert. Sie starb am 2. Dezember 1881.

Die Botnangerin im Backhaus hatte recht. Ohne seine Jenny hätte Karl nichts hinbekommen. Er hätte nicht mal überlebt.

„Sie besaß einen heiteren und glänzenden Geist. Die an ihre Freunde gerichteten Briefe, welche ihr mühe- und zwanglos nur so aus der Feder flossen, sind wahrhaft meisterliche Leistungen eines lebhaften und originalen Geistes. Es galt für ein Fest, einen Brief von Frau Marx zu erhalten ..." (Paul Lafargue an seinen Weggefährten Karl Marx in einem Brief 1890).

Amalie Struve

Frauenpower und Revolution aus Baden

(* 2. Oktober 1824, Mannheim;
† 13. Februar 1862, New York)

Im „Backhaus der Vielfalt am Terlanerplatz" in Freiburg-St. Georgen wird heute wieder gebacken. Hier haben sich Bewohner*innen des Teilorts zusammengefunden, um gutes Brot zu backen. Und dies in menschlicher Vielfalt – also offen für jede, jeden und alle.

Das ist alte Backhauskultur. In den Backhäusern um Freiburg kommen auch 1848 die Frauen zusammen, aber nicht nur, um für ihre Familien zu backen. Es liegt so viel Zündstoff in der Luft, dass man sich unbedingt treffen und austauschen muss. Ohne Männer, also im Backhaus.

„Elise, Du bringst heute aber viele Brote zum Backen! Kriegst Du Besuch?"

Elises Gesicht glüht. Sie hat dreimal so viele Brote dabei als sonst. „Ich hab die halbe Nacht den Teig vorbereitet. Man weiß ja nie, was passiert."

„Was soll schon passieren?"

„Psst! Nicht so laut! Draußen geht der Gendarm vorbei. Hoffentlich kommt der nicht rein. Verratet mich nicht!"

„Der kommt doch erst, wenn wir gebacken haben! Der weiß doch ganz genau, wann seine Zeit ist! Also: warum die vielen Brote?"

Elise flüstert jetzt: „Friedrich Hecker und Gustav Struve ziehen hinauf auf die Scheideck bei Kandern. Mein Emil ist auch mit dabei. Und der hat gemeint, wenn sie siegreich wieder zurückkommen, brauchen sie einen ordentlichen Bissen zu essen."

„Was! Du unterstützt die Revolutionäre?!"

„Pssst! Nicht so laut! Ich mach halt, was ich kann. Und Brotbacken kann ich. Auch Revolutionäre haben Hunger!"

„Hast Du denn keine Angst vor den Preußen, die sich hier überall sammeln!? Die ziehen doch auch hinauf auf die Scheideck! Da hätte ich Angst ..."

„Man sieht einem Brot doch nicht an, für wen es gebacken ist. Ich habe den Sauerteig schon vor Tagen angesetzt, sodass das Brot lange haltbar ist."

„Also, ich finde es gut, dass Elise sich so einsetzt", mischt sich ihre Freundin Auguste in das Gespräch. Die anderen Frauen haben bisher nur mit spitzen Ohren zugehört und währenddessen weitergearbeitet. Dass eine Revolution in der Luft ist, haben sie alle mitbekommen. Schon allein deshalb, weil die Männer von nichts anderem mehr reden und täglich diskutiert wird, ob man mitmachen soll oder nicht.

„Dem Gustav Struve seine Frau Amalie soll auch mit dabei sein. Aber nicht in einem Backhaus oder einem Lazarett, sondern an vorderster Front."

„Von der habe ich auch schon gehört! Ein Flintenweib soll sie sein. Und Hosen soll sie tragen. Stellt Euch das mal vor: eine Frau in Hosen! Die Männer zerreißen sich das Maul darüber."

„Sollen sie doch! Amalie Struve ist mehr als mutig. Das gefällt mir. Das würde ich mir nie zutrauen. Die würde ich gerne mal kennenlernen ..."

Elise lernt sie schneller kennen als gedacht. Denn die badischen Revolutionäre des sogenannten Hecker-Zugs werden von den Preußen auf der Scheideck bei Kandern gestellt, zusammengeschossen und gefangen genommen. Nur wenige können entkommen, darunter Friedrich Hecker und die Struves. Emil, der Mann von Elise, auch. Der bringt die Überlebenden auf einsamen Trampelpfaden durch den Schwarzwald und sie bekommen bei ihm und Elise zu essen. Ausgestattet mit den frisch gebackenen Broten, gelingt den dreien die Flucht ins Exil in die Schweiz. Friedrich Hecker flieht weiter in die USA. Die Struves aber arbeiten an ihrer Rückkehr. Im September 1848 sickern sie mit ihren Gefolgsleuten nach Lörrach ein und starten den zweiten badischen Aufstand, den „Struve-Putsch".

Elise Ferdinandine Amalie Struve

Die kleine Amalie war unehelich geboren worden und trug deshalb den Nachnamen ihrer Mutter: Amalie Siegrist. Die Mutter Elisabeth Siegrist hatte eine Liaison mit dem Offizier Alexander von Sickingen. Der ließ sie nach der Geburt sitzen. Ein unglaublicher Makel für die Mutter in damaliger Zeit. Nicht für den Vater. Wo wäre man da auch hingekommen, wenn der nichteheliche Vater die Verantwortung für seine Handlungen hätte übernehmen müssen.

Elisabeth Siegrist heiratete den Sprachlehrer Friedrich Düsar. Der adoptierte die kleine Amalie 1827 sogar und ließ ihr, für die damalige Zeit im Kleinbürgertum aufsehenerregend, eine gute schulische Ausbildung zukommen. So arbeitete sie später als Erzieherin und Lehrerin für Deutsch und Französisch. Es war eine Sensation, dass eine bürgerliche Frau arbeitete und Geld verdiente. Sie unterstützte damit ihre Familie. Denn üppig hatte die es nie.

Auf Stellensuche in Mannheim lernte sie den Chefredakteur des „Mannheimer Journals", Gustav Struve, kennen und heiratete ihn schon nach zwei Monaten, im November 1845. Struve war Advokat, Publizist und Redakteur. Eigentlich hieß er Gustav von Struve und entstammte dem lettischen Adel. Da er revolutionär, antimonarchistisch und radikaldemokratisch gesonnen war, legte er zum Entsetzen seiner Familie den Adelstitel ab. Jetzt also nur noch Struve. Amalie gefiel das. Sie sah sich mit ihm ebenbürtig, diskutierte mit ihm seine Artikel und stärkte ihm den Rücken, als das Blatt 1846 verboten wurde. Nun wurden die revolutionären Aufrufe eben als Flugblätter gedruckt. Amalie verteilte sie nachts.

Als Friedrich Hecker im März 1848 zur Revolution aufrief und von Konstanz aus Richtung Norden zog, waren beide Struves mit dabei. Amalie in Hosen und an vorderster Front. Sie alle wurden

bei Kandern geschlagen und konnten in die Schweiz fliehen. Im Herbst 1848 kehrten die beiden Struves nach Baden zurück und zettelten den zweiten badischen Aufstand an. Dieses Mal rief Gustav Struve in Lörrach die Republik aus. Das war die erste Ausrufung einer deutschen Republik in der Geschichte Deutschlands. Die Preußen schossen den demokratischen Haufen in der Schlacht bei Staufen zusammen – beide Struves gerieten in Gefangenschaft und wurden wegen Hochverrats angeklagt. Amalie saß 205 Tage in Einzelhaft, wurde entlassen, zog nach Rastatt, wo ihr Mann in der Festung einsaß, und versuchte die Festungssoldaten dazu zu bringen, ihren Mann zu befreien. Natürlich wurde sie angezeigt, verhaftet und wegen Aufwiegelung des Militärs angeklagt. Aber sie erreichte in diesen aufgewühlten Zeiten einen Freispruch, ja, sie bekam sogar noch ihren Mann frei. Nun besuchte sie die Soldaten in den Kneipen von Rastatt und diskutierte mit ihnen über die Ziele der Revolutionäre – über Demokratie. Historiker*innen sind sich sicher, dass sie einen nicht unerheblichen Einfluss darauf hatte, dass die badische Garnison am 11. Mai 1849 meuterte und die Bundesfestung so in die Hand der Aufständischen gelangte. Am 13. Mai wurde der badische Großherzog Leopold vertrieben und am 1. Juni 1849 die Badische Republik ausgerufen.

Nun rückten die Preußen nach Rastatt vor. Nach erbitterten Kämpfen wurde die Festung eingeschlossen. Amalie kämpfte wieder an vorderster Front, vermutlich sogar mit dem Gewehr. Es half alles nichts, die Festung musste schließlich auf „Gnad oder Ungnad" kapitulieren. Die Preußen waren besonders hinter dem Schwaben Ernst Elsenhans aus Feuerbach her, der bis zuletzt die Fahne der Badischen Revolution hochgehalten hatte. Ihn erschossen sie als Ersten auf den Festungswällen nach der Kapitulation.

Kurz bevor die Preußen den Belagerungsring um die Festung schließen konnten, gelang den Struves in buchstäblich letzter Sekunde die Flucht. Dieses Mal ging die Flucht über die Schweiz nach England. 1850 schrieb Amalie Struve dort ein Buch über ihre Revolutionserfahrungen. Ihr Buch „Erinnerungen aus den badischen Freiheitskämpfen" wurde in der Freien und Hansestadt Hamburg verlegt und heimlich in ganz Deutschland unter der Bettdecke gelesen. Denn außerhalb Hamburgs war es überall verboten. Nur in Hamburg war der Druck noch möglich.

1852 kratzten Gustav und Amalie Struve ihr letztes Geld zusammen und emigrierten in den Bundesstaat New York. In der kleinen Stadt Stapleton südlich von New York ließen sie sich nieder. Gustav Struve gründete in New York sofort deutsche Zeitungen, zuerst den „Deutscher Zuschauer", dann die „Sociale Republik". Außer ihm lieferte Amalie die Artikel. So wurde sie zu einer der ersten amerikanischen Journalistinnen. Sie suchte und fand den Schulterschluss mit amerikanischen Feministinnen, veröffentlichte den Roman „Eine Proletarierin" und kämpfte für die Gleichberechtigung der Frauen. Das war in den 50er-Jahren des 19. Jahrhunderts mehr als revolutionär.

„Indem wir die Gleichstellung der Frauen mit den Männern begehren, verlangen wir nur, dass ein ewiges Menschenrecht, welches Jahrtausende hindurch mit Füßen getreten wurde, endlich zur Wahrheit werde!", so Amalie Struve in einem Aufruf.

Das war revolutionär, brachte aber finanziell nichts ein. Zwei Mädchen waren in der Zwischenzeit geboren worden, Schmalhans war immer Küchenmeister in Stapleton. Das endete erst mit dem Bürgerkrieg. Gustav Struve trat für zwei Jahre den Yankees bei – er wurde Leutnant im 8. New Yorker Regiment. Schnell wurde er zum Hauptmann befördert und endlich war Geld in der Schatulle. Die Familie atmete auf, sorgte sich nun aber um das Leben des Vaters und Ehemanns.

Im Februar 1862 kam die dritte Tochter zur Welt. Amalie überlebte die Geburt nicht. Sie stand zwar erst im 38. Lebensjahr, war aber nach all den anstrengenden Jahren erschöpft und ausgezehrt. Gustav Struve quittierte den Militärdienst. Nach einer Amnestie in Baden kehrte er mit den Kindern nach Europa zurück, lebte in Stuttgart und verstarb im August 1870 in Wien.

Eigentlich müsste es für Amalie Struve ein Denkmal geben. Nicht ein Denkmal im Sinne einer Statue auf einem Stein. So was brauchen nur Männer. Sondern ein Denkmal im Sinne eines „Erinnerungsortes" – eines Platzes, wo man an eine der ersten Journalistinnen, an eine Radikaldemokratin, Kämpferin, Frauenrechtlerin und Feministin erinnern würde. Wo aber könnte das sein?

Viktoria von Preußen (Vicky)

Die liberale Hoffnung für Deutschland

(* 21. November 1840, London;
† 5. August 1901, Kronberg im Taunus)

9. März 1888, Hechingen am Fuße der Burg Hohenzollern. Hoch steigt der Rauch aus dem hohen Schornstein des kleinen Häuschens in der Altstadt. Eingeweihte wissen daher, dass heute wieder Backtag im Gemeinschaftsbackhaus ist und die Frauen sich in der Wärme des Häusleins versammelt haben, während die Holzscheite im Backofen langsam zur Glut werden und so die zum Backen notwendige Hitze abgeben. Mit der Ruhe und dem Geplauder der Frauen ist es vorbei, als Franziska die Tür aufreißt, hereinstürzt und ganz aufgeregt mit einem Zeitungsblatt herumwedelt, auf dem in dicken Buchstaben „Extrablatt" gedruckt steht.

„Leute! Der Kaiser ist tot. Kaiser Wilhelm ist mit 90 Jahren gestorben. Auf der Burg Hohenzollern haben sie gerade die Flaggen auf halbmast gesetzt!"

„Kaiser Wilhelm ist tot! Gott sei seiner Seele gnädig! Und wer ist sein Nachfolger?" Babette ist eine pragmatische Schwäbin. Egal, wer als Kaiser in Berlin herrscht, an ihrem Leben wird sich nichts ändern, denkt sie.

„Jetzt ist Kronprinz Friedrich dran! Also Kaiser Friedrich! Und seine Frau Viktoria ist die neue Kaiserin!"

Die Frauen reden aufgeregt durcheinander. Jede kennt eine, die oben auf dem Schloss gearbeitet hat. Die eine weiß sogar von einer Cousine, die Kronprinzessin Viktoria schon einmal gesehen hat.

„Die ist nämlich Engländerin! Tochter von Königin Victoria von England! Eine ganz feine Dame, wenn Ihr mich fragt!"

„Sag mal, Emilie, warum bist denn Du so ruhig? Du und Dein Mann, Ihr habt es doch noch nie so mit Kaiser Wilhelm und dem Kanzler Bismarck gehabt!"

„Ja eben! Was wird nun werden? Hoffentlich ein menschlicheres, liberaleres Deutschland. Ein Deutschland, das auch seine Arbeiterinnen und Arbeiter nicht vergisst. Und mehr Freiheit für alle!"

„Ich hab's schon immer gewusst, dass Ihr verkappte Sozialdemokraten seid!"

Viktoria von Preußen – Kaiserin Friedrich

Jahrzehntelang hatten sie auf diesen Moment gewartet: Viktoria von Preußen und ihr Mann Friedrich. Und mit ihnen alle liberal denkenden Menschen in Deutschland. Sogar einige Sozialdemokraten. Kaiser Wilhelm I. war tot. Für einen Moment hörte der säbelrasselnde Militärstaat Deutschland auf mit seinem Tschingderassabum und stand vor einem Neuanfang. Einem Neuanfang als konstitutionelle Monarchie (wie in England mit großen Rechten des Parlaments) auf dem Weg zu einem liberal-konservativen Staatswesen.

Davor stand Deutschland im 19. Jahrhundert schon einmal. Und schon damals hatten Vicky und ihr Mann Friedrich eine entscheidende Rolle dabei mitzuspielen. Das war kurz nach der Königskrönung Wilhelms I. 1861 in Königsberg. Der neue König und das preußische Parlament stritten sich so heftig über die neue Heeresreform, dass es zu einer Verfassungskrise kam. Wer hat letztlich das Sagen: der absolut herrschende König oder das Parlament, das die Finanzen bestimmt und deshalb mitentscheiden will? Der König wankte, dachte an Rücktritt. Vicky drängte ihren Mann, seinen Vater zum Thronverzicht zu bewegen und selbst König zu werden, doch der zögerte und verspielte so eine historische Chance. König Wilhelm fasste sich, berief den preußischen Botschafter in Paris zurück nach Berlin und ernannte ihn zum Ministerpräsidenten, der sofort das Parlament entmachtete und knechtete. Sein Name: Fürst Otto von Bismarck. Der Kronprinz – und vor allem Vicky – hatten verloren. Bismarck vergaß ihre Rolle nie und ließ die Politik des Paares zukünftig immer ins Leere laufen. Marginalisiert und isoliert. Das sollte das Schicksal Vickys für ihr ganzes Leben werden.

Am 21. November 1840 wurde Victoria bzw. Viktoria, genannt Vicky, in London als Tochter der englischen Königin Victoria geboren. Titel: Princess Royal. Sie war ein aufgeschlossenes Mädchen, spontan, lebhaft, sehr gescheit, sehr eifrig. Auch Gutmeinende sagten: immer einen Tick zu viel. Mit zehn Jahren lernte sie am Hof den 19-jährigen preußischen Prinzen Friedrich Wilhelm kennen. Der Besuch wiederholte sich regelmäßig jedes Jahr. 1858 wurde in London geheiratet. Ihr Vater, Prinz Albert von Sachsen-Coburg-Gotha, Prinzgemahl der Königin von England, hatte mit seiner Tochter etwas vor: Sie sollte liberales britisches Gedankengut in den verkrusteten zackigen Hof zu Berlin bringen und Deutschland modernisieren. Wenn Deutschland eine vereinigte Nation werden sollte, dann sollte das schon unter Preußens Führung geschehen, aber eben unter einem liberalen Preußen, nicht unter einem militaristischen Preußen.

Das ging schief. Die burschikose, selbstbewusste Prinzessin eckte in Berlin und Potsdam nur an. Und dass sie sich überall einmischte, wurde ihr auch krummgenommen. Als ihr erstes Kind ein Jahr nach der Hochzeit geboren wurde, der spätere Kaiser Wilhelm II., wurde alles nur noch schlimmer. Es war eine fürchterliche Geburt wegen der Steißlage des Babys. Nach Stunden voller Qualen konnten die Leibärzte es schließlich herausquetschen – mit verkrüppeltem linkem Arm. Die 18-jährige junge Mutter schämte sich, ein behindertes Kind zur Welt gebracht zu haben. Nun drillte die Mutter ihr Kind. Wilhelm bezeichnete später einmal seine Kindheit als „Hölle". Sie ließ ihn ihre Verbitterung spüren. Gefühlskälte herrschte zwischen Mutter und Kind – es wurde blanker gegenseitiger Hass daraus. Der sollte noch über ihren Tod hinaus herrschen.

In der Verfassungskrise schwankte Friedrich. Er sollte in seinem Leben noch öfters schwanken zwischen weltmännischer britischer Liberalität und preußischem Kadavergehorsam. Bismarck stellte die beiden kalt, sie zogen nach London. Erst 1864 kamen sie wieder nach Deutschland. Doch in der Berliner Hofgesellschaft kam Vicky nie an. Sie stöhnte: „Die nutzlose Existenz, die man hier führt in ihrer tötenden Monotonie, finde ich geradezu vernichtend für Körper und Geist!" Auch wenn sie politisch nichts zu entscheiden hatten, führten sie einen liberalen Salon. Hier trafen sich Bürgerliche, die in Preußen für eine liberale Zukunft eintraten. Sie kamen alle, aber viele waren es nicht.

Bismarck ließ die beiden überwachen. Das merkten sie natürlich. So schrieb Vicky an ihre Mutter, die Königin von England: „Wir fühlen uns schrecklich allein, da wir keine Seele haben, die wir um Rat bitten können. Was wir auch tun mögen, immer beschimpft man uns. Wir sind von Spionen umgeben ..." Dass Vicky sich für die Verbesserung des Gesundheitssystems in Preußen einsetzte, wurde noch ertragen. Dass sie sich für die entstehende Frauenbewegung und deren Vertreterinnen – die Suffragetten – starkmachte, war nicht mehr zu akzeptieren.

Das Paar hatte trotz unzähliger Affären des Kronprinzen acht Kinder. Wilhelm war der Älteste. Ihm begegnete sie mit Interesselosigkeit und schneidender Kälte. Er ihr auch. „Sie behandelt mich wie einen Hund", klagte er. Seine Mutter schrieb einmal: „Ich kann nichts dafür, wenn ich heftig werde und unangenehme Bemerkungen mit einer Vehemenz zurückgebe, die nicht immer klug ist." Sie war dafür gefürchtet.

Nur einer nutzte das aus: Fürst Bismarck. Er war Kanzler des Deutschen Reiches, als 1888 Kaiser Wilhelm I. starb. Nun wurde sein Sohn Friedrich Wilhelm als Kaiser Friedrich III. neuer deutscher Kaiser. Er war es nur 99 Tage lang. Denn schon bei seinem Thronantritt konnte er nicht mehr sprechen, konnte sich nur noch mithilfe von Zetteln mitteilen. Er war unheilbar an Kehlkopfkrebs erkrankt und seine Tage waren gezählt.

Zwar hofften die liberalen Kräfte noch, dass der neue Kaiser aus ihren Reihen neue Politiker an die Schaltstellen des Reiches bringen und Bismarck endlich entlassen würde. Aber der neue Kaiser war zu krank und zu schwach dazu. Er starb unter fürchterlichen Qualen nach 99 Tagen als deutscher Kaiser am 15. Juni 1888. Nun war sein Sohn Wilhelm II. deutscher Kaiser. Vicky hatte nichts zu sagen.

Sie nannte sich zwar „Kaiserin Friedrich", um das Gedächtnis an ihren Mann aufrechtzuerhalten, war aber schon bald aus Berlin verschwunden. Ihr Sohn duldete sie nicht. Stattdessen ging es mit dem preußischen Militarismus erst richtig los.

In Kronberg im Taunus ließ sie das Schloss Friedrichshof errichten und residierte nun dort als Kaiserin Friedrich. Nicht nur pflegte sie umfangreiche Korrespondenzen mit den Angehörigen der europäischen Höfe – sie war ja mit fast allen irgendwie verwandt –, sie hielt auch Hof. Kronberg im Taunus hatte sie nämlich deshalb gewählt, weil Adlige auf ihrem Weg von London oder Paris nach Berlin praktisch dort vorbeikommen mussten und gerne in ihrem gastfreundlichen, offenen Haus einkehrten. Bismarck und ihr Sohn Wilhelm sahen das mit Grimm.

Von der Regierungskunst ihres Sohnes hielt sie nichts und tat das auch in ihren Briefen kund. In ihren Augen war ihr Sohn auch politisch ein Versager. Nun war sie fast froh, dass Bismarck noch in Berlin weilte und mitregierte. Fassungslos nahm sie zur Kenntnis, dass ihr Sohn ihn entließ und von nun an die Geschicke Deutschlands allein bestimmte. Nun fand sie auf einmal nicht alles schlecht an Bismarck, was wiederum ihre englische Verwandtschaft entsetzte. Im Sommer 1893 schrieb sie über Bismarck: „Ein Mann großen Selbstvertrauens, ein Meister, sich die günstige Lage zu schaffen, war Fürst Bismarck, schnell sein Blick, geschickt sein Griff, groß sein Mut, aber ein schlechter Erzieher und unmöglich nachzuahmen."

Am Ende ihres Lebens erkrankte sie an Brustkrebs. Ihre Mutter Victoria von England schickte ihr den besten Arzt Englands, der sich mit Morphium auskannte. Kaiser Wilhelm verbot die Behandlung. Nur deutsche Ärzte durften helfen, kannten sich aber mit Morphium nicht so aus wie die Engländer. Vicky bekam nur geringe Dosen und litt entsetzliche Qualen. Einsam und nach einem fürchterlichen Todeskampf starb sie am 5. August 1901 auf Schloss Friedrichshof. Noch am gleichen Tag ließ Kaiser Wilhelm II. das Schloss von preußischer Kavallerie besetzen und abriegeln. Beamte aus Berlin durchsuchten alle Zimmer nach den Briefen und der gesamten Korrespondenz von Kaiserin Friedrich. Sie fanden nichts.

Vicky hatte das kommen sehen und ihre gesamte Korrespondenz kurz vor ihrem Tod nach England zu ihrem Bruder, König Eduard VII., bringen lassen. Das englische Königshaus besitzt diese Korrespondenz heute noch.

In ihrem letzten Brief zog sie ihr persönliches Fazit: „Mein Leben ist ein Schatten dessen, was es hätte sein können."

Der Publizist Paul Sethe fasste es 1955 so zusammen: „Auf dem preußischen Thron hat manche Glücklichere, keine Edlere gesessen als Viktoria."

Mina Schmidt-Moscherosch

Erste Kostümbildnerin
Amerikas

(* 17. März 1868, Sindelfingen;
† 8. Dezember 1961, Chicago)

Sindelfingen 1922. Die Stadt wächst. Die Inflation in Deutschland beginnt. Obwohl mit dem Ersten Weltkrieg die Daimler-Motorenwerke in Sindelfingen ihre Arbeit begonnen haben, auf dem Böblinger Flugfeld Flugzeuge starten und landen, ist Sindelfingen immer noch ein Weberstädtchen. In Heimarbeit wird gewoben, oft noch nach der Arbeit „beim Daimler". So hat man es in Schwaben gelernt. Man behält neben der Fabrikarbeit immer noch seine Wiesen und Obstgärten, das Kleinvieh und eine Kuh, und eben auch den Nebenerwerb mit dem Webstuhl im Haus. So hat man einigermaßen den Ersten Weltkrieg überlebt, wird die Inflation überleben, auch das Dritte Reich und den Zweiten Weltkrieg. Erst im Wirtschaftswunder der 1950er- und 1960er-Jahre der Republik löst sich dieses „schwäbische Leben" langsam auf. Aber eben nur langsam! Warum? Ganz klar: Es hat sich bewährt.

Deshalb wird auch fleißig gemeinsam im Sindelfinger Backhaus gebacken. So auch im Januar 1922, als die Sindelfingerinnen eine Sensation zu besprechen haben.

Sindelfingen platzt damals bereits aus allen Nähten. Dazu kommt eine unzureichende medizinische Versorgung der Bevölkerung. Seit Jahren wird darüber diskutiert, ein Krankenhaus zu bauen. Seit Jahren fehlt dazu das

Geld. Nun schreit die medizinische Not zum Himmel. Das ist auch das Thema im Sindelfinger Backhaus im Januar 1922.

„Sie wollen es ja bauen! Aber es fehlt hinten und vorne am Geld!" Wilhelmine Bauer, deren Mann im Gemeinderat sitzt, kann berichten. „Es reicht einfach nicht!"

„Dabei sterben Frauen im Kindbett. Morgen ist wieder so eine Beerdigung. Die Friederike vom Schmied Meier aus der Vorstadt! Geht Ihr mit zur Beerdigung?"

„Natürlich! Ich bin ja zusammen mit ihr auf der Volksschule gewesen! Wir brauchen dringend Hebammen und ein Wöchnerinnenheim!"

„Ich hab da etwas gehört! Aber bitte nicht weitersagen!" Es wird ganz ruhig in der Backstube. Die Cousine der Frau vom Bürgermeister Hörmann, gewöhnlich gut unterrichtet, zieht mal wieder die Aufmerksamkeit auf sich. Ihr Brot taugt meistens nichts – „en liadriger Doig" – aber sie weiß immer etwas Neues.

„Der Bankdirektor der Sparkasse ist gestern Abend noch zum Bürgermeister gekommen und hat ihm angekündigt, dass aus Amerika ein Scheck eingegangen sei mit einer Summe von 800 000 Mark für ein Krankenhaus in Sindelfingen mit Geburtsstation und Wöchnerinnenheim. Von der Mina Schmidt-Moscherosch aus Chicago."

„Mina Moscherosch? Ist das nicht die aus der Vorstadt? Die ausgewandert ist nach Amerika?"

„Genau die!"

Wilhelmine Friederike (Mina) Schmidt-Moscherosch

Wilhelmine Friederike (Mina) Moscherosch wurde am 17. März 1868 in Sindelfingen als erstes von 15 Kindern geboren. Die Familie lebte wie die meisten Sindelfinger in ganz einfachen Verhältnissen. Aber es ging.

Schon damals gab es in protestantischen Kreisen die Einrichtung des Kindergartens. Diakonissen betreuten ihn – „Tanten" genannt. Die fünfjährige Mina besuchte ihn und brachte von dort die Geschichte von Schneewittchen und den sieben Zwergen mit nach Hause. Sie war tief beeindruckt und begann an einer Schneewittchen-Puppe zu basteln, die sie mithilfe ihrer Oma auch fertigbekam. Ihre Mutter musste weben und hatte keine Zeit dazu, die Oma schon. Sie half der kleinen Mina auch, die sieben Zwerge zu vollenden. Mina war glücklich und hatte unbemerkt das Thema ihres Lebens gefunden. Denn so war sie schon früh mit Nadel und Faden in Berührung gekommen.

Die Familie konnte die vielen Kinder nicht mehr ernähren. Nach ihrer Konfirmation verließ Mina mit 14 Jahren Sindelfingen und wurde in Stuttgart als Kindermädchen angestellt. Acht Jahre Volksschule lagen hinter ihr. In der Stuttgarter Katharinenpflege lernte sie dann das professionelle Nähen. Dieses Thema ließ sie nicht mehr los. Weitere Arbeitsstätten als Dienstmädchen fand sie in Tübingen und Frankfurt. Dort packte sie der Ehrgeiz und sie besuchte abends Fortbildungsschulen. Ihr war klar, dass sie nur etwas erreichen konnte, wenn sie hart an sich arbeitete. Das tat sie. Sie nähte und besuchte eine Trachtenschule, in der sie auch Deklamation und Ballettkurse besuchen konnte. Dort stieß sie nach zwei Jahren auf eine Zeitungsanzeige, in der eine deutsch-amerikanische Familie in Chicago ein deutsches Kindermädchen suchte. Kurzentschlossen kaufte sie mit 20 Jahren eine Passage in die neue Welt. Das Geld für die Überfahrt hatte sie sich „zusammen-

genäht" und ihre Referenzen waren gut, so waren die Ausreisege-
nehmigung des heimischen Rathauses und die Einreisegenehmi-
gung der US-Behörden kein Problem. Sie wanderte aus.

Dabei vergaß sie ihre Teenagerliebe, Julius Schmidt aus Tübingen, nicht. Der kam ein Jahr später, 1887, nach und fand Arbeit
als Bauarbeiter. Beide heirateten am 5. Oktober 1887 in Chicago.

Chicago war eine Stadt der Einwanderer. Besonders viele
Schwaben waren hier sesshaft. Die größten Brauereien gehörten
ihnen. Adolph Schoeninger aus Weil der Stadt betrieb hier die
größte Fahrradfabrik der Welt. Die Schwaben schufen ein großes
deutsches Theater- und Opernhaus. Das erste Schiller-Denkmal
außerhalb Deutschlands wurde hier errichtet. Das Oktoberfest in
Chicago ist bis heute das größte Oktoberfest neben dem Münch-
ner Original. Schauspieler*innen, Künstler*innen und eine große
Festgemeinde trafen sich hier. Sie alle brauchten Kostüme.

Mina Schmidt-Moscherosch nähte sie. Und betrieb nebenher
eine Tanzschule. Ebenso eine Schauspielschule für Amateure. Sie
erzählte den Amerikanern Grimms Märchen und diese wollten sie
aufführen. Die Kostüme dazu nähte Mina. So wurde sie berühmt
und ein Teil der gehobenen Chicagoer Gesellschaft.

Schon bald überließ sie die Schulen ihren Mitarbeiterinnen
und konzentrierte sich aufs Nähen. Weil ihre Laienschauspielerinnen immer wieder Szenen der amerikanischen Geschichte nach-
spielen wollten, begann sie diese Szenen selbst mit Kostümen zu
gestalten und als Beispiel mit Figurinen nachzustellen. Genauer
gesagt: vorzustellen – die Laienschauspielerinnen brauchten ja eine Inspiration fürs Selber-Spielen. Die Puppen dazu erfand Minas
Mann. Aus Porzellan und Wachs modellierte er die Gesichter. Wer
mit Speis und Mörtel groß geworden ist, geschickt ist und ein gutes Auge hat, kann das auch im Kleinen.

Mina hatte eine geniale Idee: Sie stellte diese Figuren nach Themen geordnet immer wieder neu in den Schaufenstern ihres Kostümgeschäfts aus. Vorne am Schaufenster standen Figuren – Märchen, amerikanische Geschichte, Jahreszeiten –, hinten dann die Originalkostüme. Generationen von Kindermädchen mit ihren Schützlingen drückten sich an den Schaufenstern die Nase platt. Minas Geschäft wurde zu einem Touristenmagneten. Da die Geschichten im Innern des Ladens fortgesetzt wurden, kamen die zukünftigen Kundinnen auch in den Laden, durften alles ansehen, auch wenn sie nichts kauften oder zu klein zum Kaufen waren. So gewinnt man die zukünftige Kundschaft.

Immer wieder berichtete die Presse darüber. Mina sammelte die Artikel und sandte sie nach Sindelfingen. Wohl auch, damit die Leute daheim sahen, was in Amerika aus einem armen Sindelfinger Mädchen geworden war.

Nach und nach holte sie ihre Geschwister und die Verwandten ihres Mannes nach Chicago. Nur ein Bruder blieb in Sindelfingen zurück. Alle anderen machten ihr Glück in der neuen Welt.

Auch in anderer Hinsicht vergaß sie Sindelfingen nicht. Sie stiftete 1922 den Bau des ersten Krankenhauses – Wilhelminenstift genannt. Im Januar 1922 gingen dazu 800 000 Mark nach Württemberg. Der Bau konnte beginnen. Im April 1922 nahm die Stadt Sindelfingen ein Darlehen von 600 000 Mark auf, um die Inneneinrichtung kaufen zu können. Anfang Mai 1922 machte die Inflation klar, dass das Krankenhaus nicht eine Million, sondern drei Millionen kosten würde. Die Stadt baute weiter, ging aber am 9. Mai 1922 finanziell in die Knie und musste das Projekt einstellen. Am 12. Oktober 1922 reiste Julius Schmidt an und überreichte einen Scheck in Höhe von 2,5 Millionen Mark. Der Bau konnte weitergehen und wurde am 23. August 1923 eingeweiht: „Wilhelminenheim Städtisches Krankenhaus mit Wöchnerinnenabteilung".

Als Mäzenatin war Mina schon vorher aufgefallen. Als die Quäker 1920 Geld für die Speisung hungriger Kinder – auch für deutsche Kinder – sammelten, gab sie reichlich. Sie war Feministin und Philanthropin. Mit 50 begann sie Jura zu studieren und schloss mit einem Master ab.

Weltweit bekannt wurde sie bei der Weltausstellung 1933 in Chicago. Sie präsentierte „400 outstanding women of the world" – also 400 herausragende Frauen, die die Welt veränderten. Alle 400 Figurinen wurden von ihr persönlich mit zeitgenössischen Kostümen ausgestattet. Da sie nebenher einen Lehrauftrag an der Universität Chicago für Kostümkunde hatte, kannte sie sich bestens mit der Geschichte der Mode aus.

Mina Schmidt-Moscherosch starb am 8. Dezember 1961 in Chicago. Ihr Grab wird bis heute gepflegt. Ihre Figuren erzielen auf Ebay immer noch gute Preise.

In ihren letzten Jahren soll sie nur noch Schwäbisch gesprochen haben.

Thea Rasche

„The Flying Fräulein"
aus Essen

(* 12. August 1899, Unna;
† 25. Februar 1971, Essen-Rüttenscheid)

1929. Ida Obeck zieht den kleinen Handwagen mit den frischen Brotlaiben Richtung Marktplatz in Roßlau an der Elbe. Ihre zweijährige Tochter Ursula stapft fröhlich neben ihr her. Heute ist Backtag. Ein Backhaus hat es in Roßlau schon lange nicht mehr gegeben. Aber der Bäckermeister am Marktplatz hat eine Geschäftsidee entwickelt. Wenn er mit Backen fertig ist, ist der Ofen ja noch heiß. Also bietet er den Roßlauer Frauen an, ihre Brotlaibe bei ihm in der Bäckerei abzugeben und nach ein paar Stunden am Nachmittag wieder abzuholen – fertig gebacken. Nur muss jedes Brot gekennzeichnet sein. Ida Obeck steckt immer ein Fünf-Pfennig-Stück zur Hälfte in den Rand des Laibes. Die Hitze im Ofen wird schon für die richtige Hygiene sorgen. Tut sie auch. Beim Bäcker treffen zum gleichen Zeitpunkt immer mehrere Frauen ein. So ergibt sich die Gelegenheit, noch etwas zu bleiben und miteinander zu schwatzen.

Ida Obeck ist kein Tratschweib, aber ein paar Neuigkeiten kann man ja immer austauschen. Zumal ihr Mann Franz nicht nur Feuerwehrkommandant der Freiwilligen Feuerwehr Roßlau ist, sondern auch Flugzeugbauer bei Hugo Junkers in Dessau gegenüber auf der anderen Seite der Elbe. Franz Obeck ist schon ganz früh bei Hugo Junkers Mannschaft der Flugzeugbauer mit dabei und besonders stolz darauf, den Prototypen der später legendären „Tante Ju", der Junkers Ju 52/3m, mit zu bauen. Nicht als Ingenieur, nicht als Konstrukteur, sondern als Handwerker. Jemand muss das Flugzeug aus Duraluminium-Wellblech ja zusammennieten. Das ist er. Darauf ist er stolz – und Ida auch. So kommt Frank Obeck aber auch immer wieder mit Piloten und Käufern der Maschine zusammen. Denn die Ju 52 wird ein Welthit. Mit ihr werden überall auf der Welt neue Fluggesellschaften gegründet. So kommen viele ausländische Käufer nach Dessau. Die haben etwas zu erzählen. Franz Obeck ebenfalls, und Ida auch.

„Ida! Hast Du etwas zu erzählen?"

„Allerdings! Die Piloten reden gerade von nichts anderem als von einem Flugrennen nur von Frauen in Amerika! Da fliegen nur Frauen um die Wette!"

„Was Du nicht sagst! Dass die das dürfen! Bei uns würden doch die Männer dagegen hetzen!"

„In Amerika auch! Die Zeitungsredakteure nennen den Wettkampf ‚Powder Puff Derby', also ‚Puderquastenrennen', und lachen sich halb tot. So eine Frechheit! Frauen können das sehr wohl! Ich würde gerne einmal fliegen!"

„Na, Dein Franz hat Dich ja auch noch nie mitgenommen!"

„Der ist ja selber noch nie geflogen. Handwerker fliegen nicht. Und einen Mitflug können wir uns nicht leisten. Aber es wäre mein Traum."

Wie auf Bestellung kommt eine Tante Ju im Anflug auf Dessau ziemlich tief über Roßlau herein. Am Himmel über Deutschland sind Flugzeuge ein seltener Anblick, über Roßlau nicht. In Dessau starten und landen alle Junkers-Flugzeuge. Also ist immer viel los am Himmel.

„Mein Franz hat mir auch erzählt, dass eine Deutsche beim Puderquastenrennen mitfliegt. Thea Rasche aus Essen. Sie nennen sie ‚The Flying Fräulein'! Die Amis sollen verrückt nach ihr sein. Na, ich muss los! Beim nächsten Backtag kann ich hoffentlich mehr erzählen! Komm, Ursula, wir gehen heim!"

Und in der Tat kann man über Thea Rasche sehr viel erzählen. Sie ist die erste deutsche Frau mit einem Kunstflugschein und gehörte einst zu den international bekanntesten deutschen Fliegerinnen – auch wenn sich heute kaum noch jemand an sie erinnert.

Theodora „Thea" Rasche

Eigentlich waren sie zu dritt. Die kleine Thea hatte zwei Brüder. Aber beide fielen im Ersten Weltkrieg, die Mutter wurde depressiv. Und der Vater Wilhelm Rasche, Besitzer und Direktor der Essener Aktien Brauerei, suchte einen Erben. Also suchte er schon sehr früh für die junge Thea einen passenden Ehemann – also einen, der ihm passte. Was die Tochter wollte, war ihm egal. Töchter hatten zu gehorchen.

Thea hatte das nicht vor. Sie pochte auf ihre Unabhängigkeit und Selbstständigkeit und entfloh nach Miesbach in Oberbayern, um sich dort an einer landwirtschaftlichen Frauenschule als Bäuerin ausbilden zu lassen. Weil es ihrer Mutter sehr schlecht ging, brach sie die Ausbildung ab, kam zurück und kümmerte sich um die Mutter. Als ihr Vater von einer Geschäftsreise zurückkam, präsentierte er ihr ihren zukünftigen Mann. Thea floh, versteckte sich in Hamburg, nahm eine Stelle an. Sie verdiente damit aber so wenig, dass sie sich nicht einmal die Heizung ihres Zimmers leisten konnte, wurde schwer krank und kehrte nach Monaten ausgezehrt nach Hause in die Villa der Eltern zurück. Der Vater bestand auf der Hochzeit, Thea willigte ein und verschwand eine halbe Stunde vor dem Trautermin. Welch ein Skandal! Sie verkaufte ihren Schmuck, suchte eine Stelle und wurde vom Vater ausfindig gemacht. Die Mutter sei sterbenskrank. Der Vater bat die Tochter, noch einmal die Mutter zu besuchen. Sie machte das. Ergebnis: Der Vater sperrte sie zu Hause ein.

Monatelang lebte sie dort wie in einem Gefängnis. Dem Hochzeitswunsch des Vaters verweigerte sie sich. Doch sogar dieser Vater hatte Freunde – ein Ehepaar aus Münster. Die betrieben eine Flugschule in Münster. Sie luden Thea ein zur Erholung. Und weil Vater Wilhelm nicht einmal im Traum daran dachte, dass Frauen und Fliegerei etwas miteinander zu tun haben könnten, ließ er Thea zur Erholung nach Münster reisen.

Und wie sie sich erholte. Beim Fliegen. Denn die Freunde ließen sie mitfliegen. Doch der Versailler Vertrag – der Friedensvertrag nach dem Ersten Weltkrieg – griff bis in die Provinz durch. In Deutschland durften keine Flugzeuge mehr gebaut und keine starken Motorflugzeuge geflogen werden. Nur kleine Hüpfer mit Motor waren noch erlaubt. Damit ja kein Krieg mehr von Deutschland ausgehen konnte. Die deutschen Flieger-Asse Manfred von Richthofen (der Rote Baron) und Ernst Udet (des Teufels General) hatten Wirkung gezeigt.

Die Flugschule in Münster ging bankrott. Doch Thea hatte sich ein Virus eingefangen, das sie nie mehr losließ – das Fliegervirus. Sehr schnell hatte sie mitbekommen, wie die Deutschen trotzdem flogen. Nämlich mit Segelflugzeugen. Auf der Wasserkuppe in der Rhön und in Schwaben auf dem Hornberg und an der Teck flogen sie, was das Zeug hielt. Nur mit Wind. So lernten sie alle Tricks des Windes und des Wetters kennen.

Thea flog in der Rhön. Dort lernte sie Ernst Udet kennen und ein weiteres ehemaliges Flieger-Ass, Paul Bäumer. Der betrieb eine Flugschule für Kunstflug. Sie wurde seine erste Schülerin. Am 23. Januar 1925 flog sie den ersten Alleinflug einer Frau in Deutschland. Dann meldete sie sich zur Pilotenprüfung an. Die Prüfer staunten nicht schlecht, wie sie die vorgeschriebene Strecke Bremen–Hannover–Hamburg bewältigte. Ihr Bäumer-Flugzeug war eigentlich ein Wrack. Denn ihr Fluglehrer hatte auch kein Geld mehr. So musste sie während des gesamten Fluges nicht nur lenken und navigieren – sie flog über den Bahngleisen und ging bei Bahnhöfen etwas tiefer, damit sie das Stationsschild lesen konnte, um es dann anschließend mit der Landkarte zu vergleichen, die sie sich mit einem Einmachgummi auf dem Oberschenkel festgeklemmt hatte –, sie musste auch noch ständig mit der Hand Flug-

benzin nachpumpen, weil die Benzinpumpe kaputt war. Thea bestand die Prüfung und machte gleich noch als erste deutsche Frau
den Kunstflugschein.

Mit Bäumer und Udet tingelte sie mit Flugschauen durch
Deutschland. Sie organisierte die Flugtage. Die Flieger-Asse des
Ersten Weltkrieges waren zwar Helden der Massen, aber ziemlich
unfähig, die Flugtage und ihre Bürokratie zu managen. Das machte Thea. Am großen Berliner Flugtag 1926 nahm sie als einzige
Frau unter 33 Männern teil. Das beeindruckte sogar ihren Vater,
der von überall her auf seine erfolgreiche Tochter angesprochen
wurde. Inzwischen stolz wie Harry, schenkte er ihr ein eigenes
Flugzeug – eine Udet U 12 Flamingo. Denn Udet war in der Zwischenzeit auch Flugzeugbauer geworden. Also, die Flugzeuge
bauten andere in seinem Namen, er aber gab die technischen
Tipps.

Als Kunstflieger war Udet nicht zu schlagen. Während die
ausländische Konkurrenz mit PS-gewaltigen Maschinen am Him-

mel immer kleiner wurde, flog er mit seiner durch den Versailler Vertrag bedingten untermotorigen Maschine zwischen Brückenpfeilern durch und sammelte im Tiefstflug mit den Flügelspitzen vor den Augen der Zuschauer ein weißes Taschentuch auf. Das war einmalig.

1927 flog Thea in Essen vor den Augen ihres Vaters im „Essener Industrierennen" den Männern davon. Sie gewann den Geschicklichkeitsflug und den ersten Preis in ihrer Flugzeugklasse, und den zweiten Preis im Gesamtwettbewerb. Die männlichen Flieger sahen alt aus. Der Vater platzte vor Stolz. Er schenkte ihr eine Reise in die USA.

Als sie mit ihrem zerlegten Flamingo von Southampton mit dem Schiff in die USA ablegte, erhielt sie kurz vor dem Auslaufen noch ein Telegramm: Ihr Freund Paul Bäumer war über dem Öresund mit dem Flugzeug abgestürzt. Tot.

In New York wurde sie von den Journalisten als The Flying Fräulein begeistert empfangen und willkommen geheißen. Die Amerikaner konnten nicht glauben, dass eine Frau wirklich in der Lage war, ein Flugzeug zu fliegen. Zwar flogen auch die Amerikanerinnen Amelia Earhart und Ruth Elder, aber beide wurden nicht ernst genommen.

Thea Rasche flog. Als sie mit ihren Kunstflugfiguren um die Freiheitsstatue flog, blieb in New York der Verkehr stehen. Sie war schlagartig berühmt. Die Reichen rissen sich darum, in ihrem zweisitzigen Flamingo-Doppeldecker vorne mitfliegen zu dürfen. So finanzierte sie ihren Amerikaaufenthalt. Und wurde überall eingeladen. Selbst der amerikanische Präsident Calvin Coolidge empfing sie im Weißen Haus in Washington. Dort traf sie auch auf Charles Lindbergh und Orville Wright. Ganz USA sprach von The Flying Fräulein.

Sie flog in allen Staaten der USA. Dabei waren ihr die amerikanischen Maschinen mit ihren Motoren immer überlegen. 200 PS waren keine Seltenheit. Ihr Flamingo – ein Doppeldecker unter 100 PS – machte da keinen Stich. Aber sie hatte von Udet gelernt. Sie flog nahe am Publikum, drehte ihre Loopings nicht weit oben im Himmel, sondern über den Köpfen der Leute. Und den Trick mit dem Taschentuch kannte sie auch. Die Menschen liebten sie.

Sponsoren wollten sie dafür bezahlen, dass sie als erste Frau den Atlantik überquert. Das wollte sie auch. Aber die Sponsoren wollten, dass sie dafür erst mal amerikanische Staatsbürgerin wurde. Das wollte sie nicht. So sammelte sie selbst 15 000 Mark, um in USA ein Flugzeug dafür zu kaufen. Sie bezahlte im Voraus, und als sie das Flugzeug abholen wollte, gab es weder Firma noch Flugzeug. Man hatte sie betrogen. Das Geld war weg.

Fifi Stillman, eine amerikanische Society-Lady mit Millionen auf dem Konto, kaufte ihr ein neues Flugzeug, schenkte es ihr. Sie sollte von Kanada aus fliegen. Thea wollte das auch. Doch der Start auf einer durchweichten Wiese, genannt Flugfeld, misslang. Der schwere Flieger brach ein und versackte. Die Society-Lady reiste ab, sie hatte das Interesse verloren und Thea saß buchstäblich fest.

Sie kehrte in die USA zurück, wollte eigentlich nach Deutschland, hatte aber kein Geld mehr für die Heimfahrt. Da hörte sie vom Cleveland Women's Air Derby, dem ersten Luftrennen für Frauen, und machte sich kundig. Die amerikanische Moth Aircraft Corporation hatte die „Motte" im Bauprogramm, ein kleines Schulungsflugzeug, und suchte eine Pilotin. Thea schlug zu, auch wenn sie sofort erkannte, dass die kleine Motte gegen die PS-Protze keine Chance hatte. Aber sie würde endlich wieder fliegen können.

Sie war die einzige Deutsche unter den Fliegerinnen. Sie hielt eigentlich nichts von den Konkurrentinnen und hielt auf Abstand, denn sie traute ihnen keine großen fliegerischen Leistungen zu. Mit Verblüffung nahm sie zur Kenntnis, wie herzlich sie von denen aber aufgenommen wurde. Die zwanzig Amerikanerinnen kannten keine Vorurteile und nahmen sie in die Arme. Und standen geschlossen gegen die Organisatoren. Denn diese wollten, dass bei dem 5000-km-Rennen dort zwischengelandet wurde, wo die Städte am meisten Geld dafür bezahlten. Die Frauen aber bestanden darauf, dass nur auf guten Flugplätzen zwischengelandet wurde. Es kam zum Kampf. Die Organisatoren drohten mit Disqualifikation, die Frauen mit kollektivem Streik. Die Frauen gewannen. Der Wettflug konnte starten – zu den Bedingungen der Frauen.

Für Thea lief alles schlecht. Der Motor spuckte, das Fahrgestell brach, wegen eines Sandsturms musste sie umkehren. Schon am zweiten Tag starb die Konkurrentin Mavel Crosson bei einem Absturz. Die Zeitungen kommentierten hämisch: „Frauen haben abschließend bewiesen, dass sie nicht fliegen können."

Sie konnten fliegen. Und Thea konnte am besten navigieren. Schon bald stellte sie fest, dass die anderen sich an ihr orientierten, obwohl sie am langsamsten flog. Also wurde sie ständig überholt und die Fliegerinnen schossen in den Himmel, flogen Zickzack mit ihren PS-Protzen, um sich wieder hinten anzustellen. Denn oft wusste nur Thea so richtig, wo es langging. Wenn das Ziel dann in Sicht kam, waren die anderen schon dort. Jeden Abend feierten sie gemeinsam und Thea war ihre Königin. Angesichts all der Demütigungen gründeten die amerikanischen Pilotinnen nach dem Rennen den „Club der Neunundneunzig", eine bis heute existierende Vereinigung von Pilotinnen. Thea wurde das erste ausländische Mitglied.

Für den Zielflug nach Cleveland zogen sich die Pilotinnen anders an. Nun flogen sie mit Puderquasten, weißen Handschuhen, im Reitdress oder Golfanzügen ins Ziel, auf dem Kopf kokette Hütchen festgetackert. Die Männer verstanden die Ironie nicht.

Thea Rasch kehrte nach Deutschland zurück. Aber statt ihren Traum, nach Südamerika zu fliegen, verwirklichen zu können, drehte sie Reklameflugrunden und schleppte Werbebanner durch die Lüfte. Es reichte nicht zum Leben. Für das Flugzeug schon gar nicht. So musste sie zuletzt ihren Vater anpumpen. Der bezahlte alle Schulden unter der Bedingung, dass sie nie mehr selbst flog. Pleite wie sie war, willigte sie schließlich ein.

Sie wurde Journalistin und fand eine Stelle bei der „Deutschen Flugillustrierten". Wider Erwarten gefiel ihr das sehr gut. Denn sie hatte nun Kontakt zu allen Persönlichkeiten der Luftfahrt wie Junkers, Messerschmitt, Heinkel und zu allen Sportfliegern. So konnte sie immer mitfliegen.

1934 veranstalteten die Australier ein „Internationales Flugzeugrennen für den Frieden" von England nach Australien. Da sie sich als Flugjournalistin einen Namen gemacht hatte, erhielt sie eine Einladung der holländischen KLM, in deren nagelneuer Douglas DC 2 als Passagierin mitzufliegen. Aus der DC 2 wurde später die DC 3, das meistgebaute Flugzeug der Welt; ihre Militärversion DC 47 versorgte 1948/49 die Berliner als „Rosinenbomber". Thea flog begeistert mit. Ihre Reportagen über den Flug wurden weltweit gelesen und befeuerten ihren alten Bekanntheitsgrad über die USA hinaus. Als die Maschine schließlich in Melbourne landete, wurde sie so begeistert empfangen, als wäre sie selbst geflogen. Immerhin war sie die einzige Frau beim gesamten Unternehmen. Der australische Ruf erreichte auch die USA. Sie wurde dorthin eingeladen und von der Frau des Präsidenten, Eleanor Roosevelt, zum Tee ins Weiße Haus eingeladen. Amelia Earhart, die amerikanische Flugpionierin und Mitstreiterin beim Puderquastenrennen, überreichte ihr einen Pokal mit der Inschrift „Wings around the world for peace – won by Thea Rasche, 1934".

Den Nazis gefiel das gar nicht. Das Friedensgedöns war nicht ihre Sache. Dass Frauen fliegen, auch nicht. Außer denen, die vom Führer empfangen wurden. Hanna Reisch zum Beispiel. Auch Leni Riefenstahl. Sonst aber niemand. Frauen waren für den Herd bestimmt und zum Helden-Gebären. Fliegerin passte nicht ins Konzept.

Thea Rasch bekam fast keine Aufträge mehr. Ab 1940 gar keine. 1935 war ihr Vater gestorben. Der hatte von ihrem Erbe auf den Pfennig genau alle Beiträge, die er für ihre Fliegerei ausgeben musste, abgezogen.

Nach dem Zweiten Weltkrieg lebte sie in den USA, bis das Erbe aufgebraucht war. Dann kehrte sie nach Deutschland zurück. Bis zu ihrem Tod lebte sie in Essen von der Sozialhilfe. Sie wurde im Grab der Familie Rasche in Bredeney beigesetzt. Die Essener haben sie nie vergessen. Ihr Grab wurde 2008 zum Ehrengrab umgewandelt. Die Ruhestätte bleibt erhalten.

Ob das alles Ida Obeck noch erzählt hätte? Ida Obeck ist nie geflogen. Aber ihr Herz gehörte den Flugzeugen. Allein schon wegen Franz, dem Flugzeugbauer. Aber vielleicht gehörte ihr Herz auch den vergessenen Flugpionierinnen.

Clara Immerwahr

Chemikerin
mit Gewissen

(* 21. Juni 1870, Polkendorf (Schlesien);
† 2. Mai 1915, Berlin)

Berlin-Dahlem. Anfang Mai 1915. Der erste Kriegswinter ist vorbei. Die Lebensmittelknappheit macht sich auch in den Villen bemerkbar. Mehl und Brot gibt es nur noch auf Lebensmittelmarken. Natürlich stehen die vornehmen Damen beim Händler und Bäcker nicht an. Dafür hat man Dienstpersonal. So nutzen am 8. Mai 1915 die Dienstmädchen der Herrschaften das Anstehen vor dem Bäcker zum willkommenen Schwatz. Doch an diesem Morgen wird nicht über den Krieg, über Gesellschaften in den Herrschaftshäusern und über Treffen in den wenigen freien Stunden am Sonntagnachmittag gesprochen. Anita hat die „Grunewald Zeitung" mitgebracht. Die hat eine sensationelle Nachricht für die Nachbarn:

„Durch Erschießen ihrem Leben ein Ende gesetzt hat die Gattin des Geheimen Regierungsrates Dr. H. in Dahlem, der zur Zeit im Felde steht. Die Gründe zur Tat der unglücklichen Frau sind unbekannt!"

„Dr. H.? Das ist doch Professor Dr. Fritz Haber, der Chemiker. Der ist doch gerade in allen Zeitungen, weil er in Ypern in Flandern den erfolgreichen Angriff der Deutschen geführt hat. Ein Held!"

„Seit Tagen redet meine Herrschaft von nichts anderem. Endlich mal ein Durchbruch. Der Professor Haber hat ein Giftgas erfunden und Tausende von Franzosen sind umgekommen. Vielleicht geht so der Krieg schneller zu Ende und der Sieg ist unser."

„Haber? Dann war das seine Frau, Clara Immerwahr. Die ist doch selbst Chemikerin. Die beiden sollen ja bös' miteinander gestritten haben. Er war für das Gas, sie dagegen."

„Na, da hat mir aber der Mechaniker Lütge aus Habers Institut etwas anderes erzählt. Die beiden haben gestritten, weil er eine andere hatte."

„Arme Frau!"

Bis heute sind sich Wissenschaftler*innen, Feministinnen und Historiker*innen nicht einig, was schlussendlich zum Suizid von Clara Haber, geborene Immerwahr, geführt hat. Bevor sie sich mit der Dienstpistole ihres Mannes ins Herz schießt, schreibt Clara Immerwahr die Nacht hindurch Briefe, Abschiedsbriefe. Ihr Mann bekommt davon nichts mit – er schläft seit Langem mithilfe von Schlafmitteln. Dienstboten berichten von der Existenz dieser Abschiedsbriefe, die ihre Empfängerinnen und Empfänger jedoch nie erreichen. Was mit den Briefen geschehen ist, muss Spekulation bleiben. Nicht von der Hand zu weisen ist die Vermutung, dass ihr Mann sie vernichtet hat. Der fährt übrigens noch am gleichen Tag an die Ostfront, um den zweiten deutschen Giftgasangriff der Weltgeschichte zu starten.

Clara Helene Immerwahr

War Clara Immerwahr zu Recht die Ikone der Pazifisten, eine Heldin der Frauenbewegung, die durch einen rücksichtslosen Gatten und eine chauvinistische Gesellschaft in den Tod getrieben wurde? Oder war die geniale, aber hypersensible Wissenschaftlerin zu weich für die verschiedenen Rollen, die sie spielte, spielen musste und zugleich nicht spielen wollte? Bis heute gehen die Deutungen auseinander. Zerbrach sie an den Kriegsverbrechen ihres Mannes oder an ihrer zerrütteten Ehe inklusive Ehebruch des Ehegatten?

Clara Helene Immerwahr wurde am 21. Juni 1870 in Polkendorf bei Breslau geboren. Ihr Vater war promovierter Chemiker und ein aufgeklärter Freigeist. Die Familie gehörte zum wohlhabenden jüdischen Großbürgertum, wenngleich die Familie nie am religiösen Leben der Synagogengemeinde teilnahm. Aber im stark antisemitisch geprägten Kaiserreich war klar: Sie waren und blieben Juden. Obwohl Clara sich immer als Deutsche fühlte. Ihr Vater hätte gesagt: als Preußin. Obwohl wohlhabend, wurde in der Familie sparsam und bescheiden gelebt, aber zugleich Wert auf die gute Ausbildung der Kinder gelegt – auch bei den Töchtern. Clara und ihre Schwestern bekamen Unterricht bei Privatlehrern. Als die Mutter 1890 an Krebs starb, zog der Vater mit der 20-jährigen Clara nach Breslau. Hier lernte sie in der Tanzstunde den zwei Jahre älteren Fritz Haber kennen und verliebte sich in ihn. Er sich auch in sie. Gerade war er zum Protestantismus übergetreten und hatte sich taufen lassen. Das interessierte die Nazis später aber nicht. Er starb 1934 in London im Exil.

Clara Immerwahr ging 1892 auf das Lehrerinnenseminar in Breslau. Das war damals für Frauen die einzige Chance für eine weitergehende Schulbildung. Damit konnte man auf Umwegen bis zum Abitur kommen – 1895 gab es in Berlin die erste Abiturientin in Deutschland. 1895 wurden die ersten Frauen in Breslau zur Universität zugelassen. Im Wintersemester 1896/97 durfte Clara an der Universität Breslau Vorlesungen in Experimentalphysik hören. Damit konnte sie 1897 ihr Abitur machen und durfte studieren. Im gleichen Jahr wurde sie evangelisch. Nun war sie Gasthörerin in Chemie und konnte 1898/99 das sogenannte „Verbandsexamen" ablegen – das war die Voraussetzung, um den Doktor machen zu können.

Das Studium war eben damals anders aufgebaut. Dass es Studentinnen gab, war allerdings eine Sensation. Entsprechend wurden die Damen aufgenommen und kommentiert. Als eine Freundin von Clara als einzige Frau in der ersten Vorlesung des neuen Medizinsemesters saß, begann der Professor die Vorlesung mit den Worten: „Ich kenne die Frauen, das hält keine durch!" Die Freundin konterte: „Ja, Sie kennen die Frauen, aber meist, wenn sie krank sind."

Geheimrat Meyer, Dozent für Experimentalphysik, einer von Claras akademischen Lehrern: „Ich halte nichts von geistigen Amazonen."

Als Clara als erste deutsche Frau in Chemie ihre Doktorarbeit im Mündlichen verteidigte und mit „summa cum laude" bestand, lobte der Dekan sie zwar, betonte aber, dass es die höchste und heiligste Pflicht der Frauen sei, nicht in der Wissenschaft tätig zu sein, sondern sich um „den Hort der Familie" zu kümmern.

Clara Immerwahr lächelte und biss sich durch. Sie wurde Assistentin von Professor Richard Abegg, ihrem Doktorvater, der ihr Talent, manche sagen auch: ihr Genie, erkannte und sie förderte. So war sie bei der Hauptversammlung der Deutschen Elektrochemischen Gesellschaft in Freiburg 1901 die erste und zugleich einzige weibliche Teilnehmerin.

Fritz Haber war auch bei dieser Tagung und machte ihr anschließend einen Heiratsantrag. Beide heirateten am 3. August 1901 in Breslau und zogen nach Karlsruhe, wo Fritz Haber außerordentlicher Professor für Technische Chemie an der Technischen Hochschule war.

Fritz Haber – Nobelpreisträger für Chemie 1918, Vater des Gaskriegs des Ersten Weltkriegs. Genialer Forscher, von Ehrgeiz zerfressen, als Jude immer diskriminiert, wollte gesellschaftliche Anerkennung durch extreme Leistung erreichen. Vor den Nazis musste er 1934 fliehen, obwohl er und Mitarbeiter von ihm mit der Erfindung des Gases Zyklon B letztlich den Stoff lieferten, mit dem Auschwitz, Birkenau und teils auch die anderen Vernichtungslager fabrikmäßig zu betreiben waren. Das war der Ehemann der sensiblen, empfindlichen, nervösen, genialen Clara Immerwahr.

Nach Hochzeit und Flitterwochen begann der Ehealltag. Fritz Haber hatte eine große, repräsentative Wohnung in Karlsruhe gemietet. Die war so teuer, dass kein Geld für Personal da war. Jetzt musste Clara ran. Sie, die von einer wissenschaftlichen Karriere an der Seite ihres Mannes träumte – und wusste, dass sie auch das Talent dafür hatte –, musste nun einen repräsentativen Haushalt führen. Denn Ehemann Fritz lud gern und häufig Gäste ein, er brachte sich ein in die Bildungsbürgergesellschaft. Dem ihm überall begegnenden Antisemitismus – für die Rassenfanatiker spielte es keine Rolle, dass er evangelisch war, nur die „Rasse" zählte – versuchte er durch ein extremes Arbeitspensum und mustergültiges preußisches Leben als Professor zu begegnen. Clara musste dafür Hof halten und Küche und Haustafel managen.

Schnell wurde sie schwanger. Doch die Schwangerschaft war schwierig und Clara erlebte sie mit heftigen Gemütsschwankungen. Dies hielt der hier nun doch sensible Ehemann nicht aus und ertränkte sein Problem in Arbeit, ließ eine monatelange heftige Gastritis nicht behandeln. Als es ihr besonders schlecht ging nach der Geburt ihres einzigen Kindes Hermann, trat er eine viermonatige Reise in die USA an. Als er zurückkam, zog Clara aus dem gemeinsamen Schlafzimmer aus. Für ihn war das eine unverzeihliche Kränkung.

Während der Schwangerschaft half Clara immer wieder im Chemielabor ihres Mannes aus. Sie entwickelte Versuchsreihen, führte sie durch, protokollierte sie. Doch sie merkte, dass dies nicht gern gesehen war. Eine schwangere Frau hatte sich im Wohnhaus aufzuhalten und dieses zu führen. Clara verhielt sich daneben. Das ließ man sie spüren.

Nach der Geburt des Sohnes Hermann war es mit der Laborarbeit vorbei. Denn Hermann war immer kränklich und musste ständig betreut werden. Das tat sie auch und führte parallel den ständig größer werdenden Haushalt. Fritz lud immer mehr Gäste ein und gab Empfänge. Zugleich wurde er immer bekannter und einflussreicher. Besucher berichten fassungslos, dass sie versuchte, Fritz mit häuslichen Fragen zu behelligen und in die Kindererziehung einzubeziehen. Das wurde nicht gelobt, ganz im Gegenteil. Sie galt als pedantisch und überängstlich, sie belästigte ihren erfolgreichen Ehemann. So nahmen das die Zeitgenossinnen und Zeitgenossen wahr.

Clara Immerwahr brachte sich weiterhin auf ihre Weise ein. Im Winter 1905/06 hielt sie im Volksbildungsverein Karlsruhe eine Vortragsreihe über „Chemie in Küche und Haushalt". Über 100 Zuhörerinnen feierten sie begeistert. Sie hielt weitere Vorträge. Beim Karlsruher Arbeiterbildungsverein leitete sie einen Kurs über „Naturwissenschaften im Haushalt". Im gleichen Jahr musste sie sich jedoch auch nervenärztlich behandeln lassen und verschwand für einige Zeit in einem Sanatorium.

Sie passte nicht ins Bild einer „Hausmutter" oder „Professorengattin". Von Mode hielt sie nichts und war ein Fan von Reformkleidern, so wie Robert Bosch. Also alle Kleidung aus Wolle. Zum jetzt finanzierbaren Dienstpersonal hielt sie keinen Abstand, sie kaufte selbst ein und unterhielt sich mit den gewöhnlichen Marktfrauen. Gäste empfing sie in der Küchenschürze, wenn die zu früh kamen. Die Abendgesellschaften ihres Mannes, der es liebte, zu repräsentieren, verließ sie als Erste mit der Bemerkung, sie müsse früh raus, sie müsse ja arbeiten. Die beiden waren sich mehr als fremd geworden.

An ihren Doktorvater Richard Abegg schrieb sie einen Brief auf Trauerpapier mit schwarzem Rand: „Was Fritz in diesen acht Jahren gewonnen hat, das – und noch mehr – habe ich verloren, und was von mir eben übrig ist, erfüllt mich selbst mit der tiefsten Unzufriedenheit."

Fritz wurde immer erfolgreicher. Clara verkümmerte. 1911 wurde er zum Direktor des Kaiser-Wilhelm-Instituts in Berlin ernannt (heute Max-Planck-Gesellschaft). Die Familie zog nach Berlin-Dahlem.

Als der Erste Weltkrieg begann, richtete Clara im zweiten Stock ihrer Villa einen Kindergarten für Kinder ein, deren Väter an die Front mussten. Das tat man so als Professorengattin. Fritz war Kriegsfreiwilliger und diente im Kriegsministerium. Seinen Fähigkeiten gemäß wurde er bei der Erforschung von Sprengstoff eingesetzt. Denn Deutschland hatte nur für wenige Monate Salpeter für seine Granatenproduktion. Salpeter kam aus Chile, da aber England in der Nordsee eine Seeblockade erfolgreich durchführte, drohte den Deutschen der Sprengstoff auszugehen. Welch eine Vorstellung, dass der Erste Weltkrieg, der rund 16 Millionen Menschenleben kostete, andere sagen: mehr als 17 Millionen, zu Weihnachten 1914 vorbei gewesen wäre, weil die Deutschen nichts mehr zum Schießen gehabt hätten.

Aber da half Fritz Haber aus. Zusammen mit Carl Bosch entwickelte er die Ammoniaksynthese, das sogenannte Haber-Bosch-Verfahren. Die BASF versorgt Deutschland damit mit Düngemittel – und mit Sprengstoff. Damit wurde Haber berühmt, es brachte ihm 1918 sogar den Nobelpreis für Chemie ein. Mit diesem Wissen half er dem deutschen Militär aus der Klemme. Der Krieg konnte nun so richtig beginnen. Sprengstoff war genug da.

Doch der nützte schon 1915 nichts mehr. Die Militärs waren am Ende ihrer Weisheit. Von der Schweizer Grenze bis zur Nordsee hatten sich die Soldaten auf beiden Seiten in ihren Schützengräben eingegraben. Nichts ging mehr voran.

Also ermutigte Erich von Falkenhayn, Chef des Generalstabs und Mitglied der Obersten Heeresleitung, die deutschen Chemiker, sich etwas einfallen zu lassen. Fritz Haber verstand, empfahl den Militärs den Einsatz von Chlorgas und wurde international zum „Vater des Gaskrieges".

Clara war verzweifelt. Wissenschaft war nicht dazu da, die Menschheit zu vernichten. Fritz sah das anders: „Der Wissenschaftler gehört im Frieden der Menschheit, im Krieg aber dem Vaterland" war sein ständig wiederholtes Mantra.

Fritz Haber wurde beauftragt, Gasversuche zu starten, Abiturienten zu Giftgas-Pionieren auszubilden und den ersten Einsatz von Giftgas vorzubereiten. Clara fuhr zur Abschlusserprobung auf den Truppenübungsplatz Köln-Wahn (heute Flughafen Köln-Bonn) mit und war entsetzt über das, was sie erlebte, diskutierte mit den Wissenschaftlern und wurde ausgelacht. „Damit können wir den Krieg verkürzen!" war das Argument, und ihr Hinweis, Deutschland habe 1907 die Haager Landkriegsordnung unterschrieben, die den Einsatz von Giften im Krieg verbietet, wurde beiseitegeschoben mit (falschen!) Behauptungen wie „Die Engländer haben sie nicht unterschrieben" und Sätzen wie „Hauptsache, wir siegen schnell!".

Der Beginn des Sieges – in der Vorstellung von Fritz Haber – wurde am 22. März 1915 eröffnet. Endlich blies der Wind nach Norden und in der Gegend von Ypern in Belgien, genauer: beim Dorf Langemarck, bliesen die Deutschen aus Tausenden von Gasflaschen Chlorgas in die französischen Gräben. Die Franzosen waren völlig überrascht. Kein Mensch wusste, was eine Gasmaske war und wozu sie hätte nützen können. Deshalb gab es auch keine. Tausende starben qualvoll, insgesamt 18 000 waren entweder tot, erblindet oder kotzten sich atemringend aus. Auf mehreren Kilometern gab es keine französische Front mehr. Das hatte die deutsche Heeresführung nicht erwartet und deshalb gab sie auch keinen Befehl zum Angriff. Die Deutschen blickten fassungslos in Richtung des Feindes, den es nicht mehr gab. Der Weg nach Paris wäre frei gewesen.

Fritz Haber schäumte und tobte über dieses militärische Desaster, nicht über das menschliche Desaster. Zwar wurde er nun vom Hauptwachtmeister (bis dahin konnten Juden keinen höheren Rang im preußischen Militär erringen) zum Hauptmann befördert (mit Sondergenehmigung, nun endlich Offizier), aber er konnte es nicht fassen, dass die Militärs ihm nicht glaubten. Beim nächsten Versuch in wenigen Tagen an der Ostfront sollte er das Ganze wiederholen und es besser machen.

Am Abend des 1. Mai wurde in Berlin-Dahlem gefeiert. Der Kriegsheld hielt Hof. Clara hatte eine große Hausgesellschaft zu versorgen, zu beköstigen, zu unterhalten. Dabei war sie entsetzt, enttäuscht, wütend, nervlich am Ende. Fritz führte sich als Held auf, sie war nervlich zerrüttet. Nachdem alle gegangen waren, nahm Fritz wie üblich Schlafmittel, um schlafen zu können, Clara zog sich an ihren Schreibtisch zurück.

Am 22. März 1915 hatte die Wissenschaft in Ypern ihre Unschuld verloren. Ihr Fritz war maßgeblich daran beteiligt. Und dann hatte sie ihren Ehemann noch mit Charlotte Nathan (seiner späteren zweiten Frau) in einer verfänglichen Situation überrascht. Bis heute ist unklar, was von beiden Enttäuschungen nun den Ausschlag für ihr Tun gab.

Sie holte die Parabellum 08, die Dienstpistole ihres Mannes. Stundenlang schrieb sie Abschiedsbriefe, die das Dienstpersonal am 2. Mai noch sah – Stunden später waren sie verschwunden. Im Morgengrauen ging sie in den Garten und versuchte, sich ins Herz zu schießen. Ihr Mann hörte nichts. Ihr Sohn fand sie im Gras liegend. Sie verblutete innerlich, starb nach zwei Stunden. Ihr Mann reiste am Nachmittag an die Ostfront ab, um den zweiten Giftgasangriff der Weltgeschichte durchzuführen. Das tat er dann auch: 6000 russische Soldaten starben bei diesem zweiten Angriff.

„Lass dich erbitten, es mit mir zu versuchen!" So hatte 1900 Fritz Haber an Clara in seinem Heiratsantrag geschrieben. Sie hatte zugesagt.

Was wäre wohl aus Clara Immerwahr, der ersten deutschen Doktorin der Chemie, geworden, hätte sie Nein gesagt?

Anna Haag

Schriftstellerin, Politikerin, Hausfrau, Mutter, Feministin, Friedenskämpferin, Schwäbin

(* 10. Juli 1888, Althütte;
† 20. Januar 1982, Stuttgart)

1949 ist das Brotbacken im Stuttgarter Ortsteil Heumaden auf den Fildern noch eine echte Herausforderung. Denn wer backen will, muss neben seinen Brotlaiben auch das notwendige Reisig und Holz mitbringen. Holz und sonstiger Brennstoff ist nämlich immer noch knapp. Notfalls muss man das Holz vorher hamstern oder „organisieren". Jedenfalls geht ohne Holz nichts in der Backstube. Ums Brotbacken kommt man nicht herum, und so wissen die Frauen genau, dass das Zusammenlegen der einzeln besorgten Holzscheite letztlich einfacher und billiger ist.

24. Mai 1949. Heute hat Adelheid die neuesten Nachrichten.

„Habt Ihr es im Radio auch verfolgt? Gestern ist das Grundgesetz der Bundesrepublik Deutschland verkündet worden. Nie wieder Krieg. Und ein einmaliger Artikel steht auch im neuen Grundgesetz: ‚Niemand darf gegen sein Gewissen zum Kriegsdienst mit der Waffe gezwungen werden.' Einen solchen Satz in einer Verfassung gibt es sonst nirgends auf der Welt. Ich bin ja so froh für meine Buben. Sie sind gerade noch den Pimpfen entkommen, denn sie waren noch zu jung für die Hitlerjugend. Und jetzt müssen sie nie mehr eine Waffe tragen, wenn sie nicht wollen."

„Ja, und das haben wir alles der Anna Haag zu verdanken – drüben in Sillenbuch!"

„Was, der Anna? Mit der hab ich gestern noch im Lebensmittelladen angestanden!"

„Die rote Anna! Mit der habe ich mich schon ein paar Mal unterhalten! Davon darf ich meinem Karl nichts erzählen, die ist bei der SPD!"

„Ja, und sie war für uns im Landtag von Württemberg-Baden! Und vorher in der Verfassunggebenden Landesversammlung. Das war 1946. Da hat sie schon dafür gesorgt, dass es ein Recht auf Kriegsdienstverweigerung gibt. Das ist die Anna!"

„Jetzt bin ich platt. Das hab ich nicht gewusst. Wir haben uns so nett beim Schlangestehen unterhalten, die war so normal!"

Anna Pauline Wilhelmina Haag

M an kann sich nicht was raussuchen: Das eine ist ohne das andere nicht zu bekommen. Anna Haag war eine Mischung aus allem: Schriftstellerin, Politikerin, Hausfrau, Mutter, Feministin, Friedenskämpferin, Schwäbin.

Im Lied vom „armen Dorfschulmeisterlein" kann man zwischen den Zeilen erahnen, wie arm und einfach es früher in den Lehrersfamilien zuging. Kein Wunder, dass der Dorflehrer noch jede Menge Zusatzberufe ausübte: Er war Organist in der Kirche und leitete den Kirchenchor, der zugleich Leichenchor war, er unterrichtete Kinder in Musik, er spielte bei Hochzeiten auf – und trotzdem war immer Schmalhans Küchenmeister in der Familie.

Am 10. Juli 1888 kam Anna Pauline Wilhelmina Schaich in Althütte im Oberamt Backnang als drittes Kind des Dorflehrers Jakob Schaich und seiner Frau Karoline, geborene Mergenthaler, zur Welt. Die Familie hatte schließlich sechs Kinder. Ihre Mutter war die Schwester von Ottmar Mergenthaler, der in Württemberg nichts werden konnte, in die USA auswanderte und „die" Erfindung der Druckindustrie weltweit machte: Er erfand die mechanische Linotype-Zeilensetzmaschine.

Später zog die Familie nach Dettingen/Erms. Anna wuchs mehr als wohlbehütet auf. Da achtete ihr Vater schon drauf. Als sie einmal für mehrere Wochen einen Onkel vermutlich in Tübingen besuchen durfte und dort der studentische Untermieter, ein Jurastudent, ihr mit ihren 16 Jahren mehr als nachstieg, schickte sie der Onkel sofort ins Elternhaus zurück, verpetzte den jugendlichen Flirt.

Anna wurde von ihrem Vater dann wie eine Gefangene behandelt. Sie hatte die Wäsche der gesamten Familie zu versorgen, auch ihre älteren Brüder nahmen von auswärts selbstverständlich ihre Dienste in Anspruch. Anna war die Wäscherin der Familie. Jeden Tag.

Der patriarchalische Vater hatte allerdings für seine „Weibsleut" einen Lesezirkel abonniert. So kam alle zwei Wochen eine Mappe mit Zeitschriften ins Haus. Die „Gartenlaube" war darunter, aber auch „Westermanns Monatshefte" und – eigentlich eine Sensation – der „Simplizissimus". Denn dieses satirische Blatt war höchst umstritten, so wie in ihren Anfangszeiten die „Titanic" oder „Pardon". Anna las alles, während sie strickte. Denn diese Arbeit der Mutter musste sie auch noch übernehmen. Der rechte Arm der Mutter erlahmte immer mehr.

Anna wurde immer attraktiver. Das hatte nicht nur der Jurastudent früh festgestellt. Das interessierte vor allem die Freunde ihrer Brüder. Und alles missfiel dem Vater. Was heute Instagram und WhatsApp ist, war früher die Ansichtskarte. Die Post kam zweimal täglich. Da konnte man schon in wenigen Zeilen miteinander kommunizieren, oft auch zwischen den Zeilen. Die An-

sichtskarten trugen nicht immer die Fotos fremder Orte – turtelnde Täubchen sprachen auch eine klare Bildersprache. Der Vater vernichtete die Post. Also begann Anna den Briefträger vor Erreichen des Briefkastens abzufangen. Sie musste ja die Wäsche besorgen, da konnte sie rechtzeitig im Garten vor dem Haus sein.

Ihr Bruder Emil brachte einen Kameraden aus dem Lehrerseminar mit zum Abendessen: Albert Haag. Der aß beim Abendessen alle Würste und Bratkartoffeln auf und schlug vor, Anna, natürlich zusammen mit ihrem Bruder, beim Abwasch zu helfen. Bruder Emil wusste nicht, was er meinte, er kannte die Tätigkeit des Abwaschens nicht, die Mutter sagte „Larifari", der Vater verstand die heutigen jungen Männer nicht mehr.

Nun war die Post dran. Anna hatte zwei jüngere Schwestern, die von den anderen Verehrern Annas instrumentalisiert wurden. Kurz: Anna wurde ausspioniert. Also versteckte sie die Briefe von Albert in ihrer Strohmatratze, und ihren Antwortbrief gleich mit, bis es Zeit und Gelegenheit gab, ihn dem Postler mitzugeben. Was Anna nicht wusste: Ihre Schwestern konnten Albert nicht leiden und fanden nach umfangreichem Suchen schon bald die Ritze in Annas Strohmatratze.

Trotzdem: Nach einem halben Jahr verlobte sie sich mit dem Mathe-Studenten Albert Haag. Sie mit 17, er mit 20. 1909 heirateten die beiden. Die Württemberger verlangten, dass er sein Pädagogicum in Württemberg absolvierte und dafür in den schlecht bezahlten württembergischen Schuldienst eintrat. Albert aber wurde Mathe-Lehrer in einem Internat in Schlesien, das deutlich besser zahlte. Nicht schlecht, wenn man gerade geheiratet hatte.

1910 wurde die Tochter Isolde geboren. Noch immer waren die Württemberger eingeschnappt. Die Familie zog nach Treptow in Pommern. 1912 bekam Albert ein Angebot, in die Deutsche Schule nach Bukarest, Rumänien zu wechseln. Die Württemberger schmollten immer noch, wollten ihn nicht. Also wurde Albert Professor – so nannte man die Gymnasiallehrer früher in der Regel – an einer Schule in Bukarest im Auftrag des Auswärtigen Amtes.

Anna zog immer mit. Und richtete sich ein. Sie begann zu schreiben, schrieb über eine Donaufahrt, schickte mutig die Erzählung an eine Berliner Zeitung. Diese druckte sie und bezahlte ein Honorar. Anna war mehr als ermutigt und startete eine Karriere als Schriftstellerin.

Endlich konnten sie Urlaub machen. Die Familienkasse gab das her. Es war 1914 und sie fuhren nach Deutschland. Dann begann der Krieg. Sie mussten in Deutschland bleiben. Albert wurde eingezogen und kämpfte bis 1916 an der Westfront. Dann meldete sich das Auswärtige Amt. Albert wurde aus dem Heer entlassen, die Familie kehrte nach Bukarest zurück, denn es galt, dort das Deutschtum zu bewahren und Rumänien als neutralen Staat an der Seite Deutschlands zu halten. Kaum war die Familie in Bukarest, war Rumänien nicht mehr neutral und erklärte Deutschland den Krieg. Nun wurde Albert interniert und verschwand hinter rumänischem Stacheldraht. Das war auch noch so, als die Deutschen Bukarest besetzten: Albert war und blieb interniert. 1915 war Tochter Sigrid geboren worden, das hieß, Anna stand nun mit ihren zwei kleinen Mädchen alleine da und musste sich eine Arbeit suchen. Die deutschen Besatzer machten Anna zu Leiterin eines Flüchtlingsheims, anschließend verdiente sie das Geld für die Familie als Chefin eines Helferinnenheims. 1919 war die Familie wieder zusammen. Albert hatte im Internierungslager eine Infektion mit Flecktyphus überlebt, von der er sich allerdings nie ganz erholte. Sie kehrten nach Deutschland zurück, wohnten in Nürtingen. 1922 wurde dort der Sohn Rudolf geboren.

Anna schrieb. Sie begann das „Tagebuch einer Mutter". Verschiedene Tageszeitungen druckten ihre Geschichten ab. Sie war erfolgreich. So lange, bis die Töchter einen Aufstand wagten – ihre

Mutter war so erfolgreich, dass sie die Hänseleien über deren Geschichten in der Schule nicht mehr ertrugen. Auch dieser Aufstand war erfolgreich. Anna beendete das Tagebuch und begann an ihrem ersten Roman zu arbeiten. Das Buch „Die vier Rosenkinder" erschien 1926.

1927 zogen sie nach Feuerbach bei Stuttgart um. Albert Haag wurde Mathe-Lehrer am dortigen Leibniz-Gymnasium. Anna wollte ein Haus, Albert nicht. Er war entsetzt über die Kosten, wollte damit nichts zu tun haben. Sie schon, und sie setzte sich durch. Aber dann kam die Weltwirtschaftskrise wie eine Sintflut. Jede Rechnung von heute stimmte morgen nicht mehr. Das Gehalt schon gar nicht. Anna entwickelte sich zur Weltmeisterin, was das Begleichen von Rechnungen und die Verhandlungen mit den Handwerkern betraf. Sie war die praktische Fraktion der Familie.

Die Nazis eroberten 1933 Feuerbach im Handstreich. Das „Rote Feuerbach" wurde gegen seinen erklärten Willen nach Stuttgart eingemeindet. SPD und KPD, die zusammen über 60 Prozent der Wählerstimmen bekommen hatten, konnten nichts ausrichten, denn ihre Gemeinderäte saßen alle in den KZs Heuberg und Welzheim, als in Feuerbach abgestimmt wurde. So kann man durchmarschieren. Genau das taten die Nazis.

Aus dem Volkstrauertag im November machten die Nazis den Heldengedenktag. Mathe-Lehrer Albert Haag wurde ausersehen, zum Heldengedenktag in der Schule die Rede zu halten. Zu diesem Anlass wurde in der Aula des Leibniz-Gymnasiums alles vorbereitet – die Mädchen des Neuen Gymnasiums wurden dazu eingeladen. Was tat Albert Haag? Statt den Mythos vom ruhmvollen Sterben der deutschen Jugend beim siegreichen Sturmangriff in Langemarck in Flandern zu erzählen – eine schlichte Legende, denn kein Wort davon war wahr –, berichtete er vom Leiden und Sterben der jungen Soldaten an der Westfront bei Ypern in Flandern. Er war ja schließlich dabei gewesen, er wusste, wovon er redete. Da war nichts mit Ruhm, da wurde nach der Mutter geschrien und elend verreckt. Die Rede wirkte nachhaltig. So sehr, dass sich Schüler beim Geschichtslehrer beschwerten und der die Partei informierte. Albert Haag wurde zum Mädchengymnasium nach Ludwigsburg strafversetzt. Die Mädels dort erschienen durch pazifistische Äußerungen wohl weniger gefährdet.

Der Clou am Rande: Der denunzierende Geschichtslehrer aus Feuerbach wurde, kurz nachdem Albert Haag nach Ludwigsburg strafversetzt worden war, am dortigen Mädchengymnasium neuer Schulleiter und damit sein Chef. Da beide in Feuerbach wohnten und täglich mit dem gleichen Zug nach Ludwigsburg fuhren, drängte Anna darauf, dass sich Albert ein Auto kaufte, um den gemeinsamen Zugfahrten zu entgehen. Der sparsame Gatte wollte nichts davon wissen, gab aber nach, ein DKW wurde gekauft. Allerdings stand nun täglich der neue Schulleiter am Feuerbacher Wegesrand und ging selbstverständlich davon aus, im Zweitakter mitgenommen zu werden. 1939 hörte das auf. Sie verkauften das große Haus in Feuerbach und zogen nach Stuttgart-Sillenbuch in ein kleineres Haus.

Die beiden hielten sich politisch extrem zurück. Denn Anna Haag hatte Schreib- und Publikationsverbot. Der so wichtige Nebenerwerb der Familie funktionierte nicht mehr. Finanziell wurde es also mal wieder eng. Tochter Sigrid ging in die Schweiz, dann nach England und blieb dort. Sohn Rudolf machte kurz vor Kriegsbeginn sein Abi, ging nach Kanada und wurde dort bei Kriegsbeginn interniert. Anna vermisste ihre Kinder, war aber zugleich froh, sie in Sicherheit zu wissen. Nur die Tochter Isolde blieb in Deutschland.

Dass der Nationalsozialismus Deutschland nur den Untergang bringen konnte, war Anna von Anfang an klar. Sie musste höllisch aufpassen, dass sie sich den Mund nicht verbrannte. Denn mit dem Mundwerk konnte sie zackig schnell sein.

Sie hörte Feindsender. Sprich: die deutschsprachige BBC – jeden Morgen um 11 Uhr. Dann Radio Beromünster aus der Schweiz. Gegen Ende des Krieges auch die alliierten Soldatensender, als die mit den vorwärts rückenden Truppen immer weiter ins deutsche Reichsgebiet hinein senden konnten. Sie war bestens informiert. Allerdings konnte man wegen des Abhörens der Feindsender ins Zuchthaus kommen. Sogar die Todesstrafe konnte verhängt werden, was aber in der Regel mit Hochverrat, nicht mit dem Hören eines Feindsenders begründet wurde.

Bereits 1940 begann sie ihre Kriegstagebücher zu schreiben. Jeden Tag. In Schulhefte. Die versteckte sie im Keller zwischen den Kartoffeln. Sie schrieb, was sie sah und was sie dachte. Sie wusste auch, was das bedeuten konnte: „Ein Denunziatiönchen, eine anschließende Haussuchung und schon wäre ich meinen Kopf los."

Die Tagebücher wurden von den Nazis nicht entdeckt. Anna zitierte später daraus, doch erst vor ein paar Jahren fand ihre Tochter die Originale in einem alten Schrank und erst 2019 veröffentlichte der englische Historiker Edward Timms auf Deutsch große Auszüge davon in einem eigenständigen Buch. Ein einzigartiges

Zeitdokument. Denn die Tagebücher sind nicht aus der Erinnerung geschrieben, die ja vieles verfälscht. Sie sind auch nicht korrigiert. Sie sind echt, d. h., sie geben die Gedanken wieder, wie sie 1940 gedacht wurden: authentisch, subjektiv, ohne Schnörkel, unverfälscht. Sie zeigen die Gedanken eines anderen Deutschlands.

Beispielsweise traf Anna sich im Oktober 1941 mit Freunden. Die erzählten von russischen Kriegsgefangenen, die so hungrig seien, dass sie dem Kannibalismus verfielen: Sie äßen sich gegenseitig auf. „Das ist ganz in Ordnung! Man kann es sich nicht leisten, ihnen mehr zu essen zu geben. Schließlich haben sie ja den Krieg angefangen!" Wie? Russland hätte den Krieg angefangen? Heute weiß jedes Schulkind: Hitler und die Nazis war es. Damals haben die meisten diese Propaganda geglaubt.

Schon früh schrieb Anna auch über die Judenverfolgung: „Es gibt in Deutschland Menschen, die vorgeben, noch nie etwas von Judenmassakern, von Judenverfolgungen überhaupt gehört zu haben. Man fasst sich an den Kopf."

1945 war der Krieg vorbei. Für die Haags war es tatsächlich eine Befreiung. Anna Haag wurde sofort aktiv. Sie war mit dabei, als die deutsche Sektion der „Internationalen Frauenliga für Frieden und Freiheit – IFFF" gegründet wurde, und übernahm die Leitung der Gruppe Württemberg. Als die CDU unter Rainer Barzel und Franz Josef Strauß mit ihrer Aktion „Komitee Rettet die Freiheit!" die Frauenliga als „kommunistisch gesteuert" bezeichneten, traten viele Frauen wieder aus. Anna blieb.

Für die IFFF schrieb sie die Streitschrift „... und wir Frauen?". Dies war 1945 die erste derartige deutsche Druckschrift nach dem Krieg. Das Papier kam von den Alliierten.

Am 12. Oktober 1945 wurde sie in den „Städtischen Beirat" berufen, den Vorläufer des Stuttgarter Gemeinderats. Das Gremium tagte aber nicht, denn Oberbürgermeister Arnulf Klett hatte kein Interesse daran, andere mitreden zu lassen, daher verzichtete er darauf, den Städtischen Beirat zusammenzurufen. Da schrieb Anna ein Spottgedicht, die „Stuttgarter Zeitung" veröffentlichte es. Das Gremium wurde daraufhin sofort einberufen.

Seit der Weimarer Republik waren beide Haags Mitglieder in der SPD. Für beide die einzige Partei, die für Gerechtigkeit eintrat. Ihr blieben sie auch nach dem Dritten Reich treu und Anna Haag wurde für die SPD am 30. Juni 1946 in die Verfassunggebende Landesversammlung und am 24. November 1946 in den ersten württemberg-badischen Landtag gewählt. Baden-Württemberg gab es ja noch nicht. Es war der Landtag der amerikanischen Besatzungszone, der sich im Furtbachhaus in Stuttgart traf. Hier kämpfte Anna für das Recht auf Kriegsdienstverweigerung, für neue Richtsätze in der sozialen Fürsorge, für die Aussetzung des Abtreibungsparagraphen 218 und für die Anerkennung der Hausfrauenarbeit als Beruf – sprich Krankenversicherung und Rentenansprüche. Sie ging den männlichen Abgeordneten damit gehörig auf den Wecker. Auch denen in der SPD. Das führte dazu, dass sie bei den nächsten Landtagswahlen 1950 zwar gefragt wurde, ob sie noch mal kandidieren wolle, aber sie wurde nicht dazu ermutigt oder gar gedrängt. Sie wusste, was sie alles erreicht hatte, und war über so viel Chuzpe ihrer Parteigenossen verblüfft. Sicher hatte sie immer ihren eigenen Kopf gehabt und war eine überzeugte Pazifistin und unbequem gewesen. Dass die Genossen sie aber nun mehr pro forma als aus wirklicher Überzeugung fragten, ärgerte sie dann doch. Sie kandidierte nicht mehr.

1949 war sie eine von sieben Frauen, die von den Amerikanern eingeladen wurden, die USA zu besuchen und Vorträge über das Leben in Deutschland zu halten. Diese Einladungen wiederholten sich 1952 und 1956. Anna sprach über „Strömungen im heutigen Deutschland" und „Meine Stadt, vor, während und nach dem Kriege".

1949 gründete Anna die „Arbeitsgemeinschaft Stuttgarter Frauen". Diese Arbeitsgemeinschaft wollte in Stuttgart ein Haus für obdachlose junge Mädchen bauen. OB Klett und seine Gemeinderatsmänner erklären souverän, sie würden die gesammelten Spenden verdoppeln – falls überhaupt Spenden eingehen würden. Anna und die Frauen trommelten, fanden einen Sponsor, die Mannen um OB Klett mussten ihr so herablassend gegebenes Versprechen halten. Das Haus – heute „Anna-Haag-Haus" in Cannstatt – konnte gebaut werden. Auf dem Foto von der damaligen Grundsteinlegung des Hauses kann man noch heute die versteinerten Gesichter der hohen Herren erkennen. Das hatte den Frauen niemand zugetraut.

1951 starb Albert Haag an Krebs. Danach gab Anna ihr Haus in Sillenbuch auf, baute ein neues in Stuttgart-Birkach und zog 1954 dort ein.

Sie schrieb. Sie war in der SPD aktiv. Sie war an der Gründung der psychotherapeutischen Klinik Stuttgart-Sonnenberg beteiligt. Ihren 90. Geburtstag feierte sie in Cannstatt. Unter Hunderten von Frauen feierten auch zwei Männer mit. Einer der beiden war Rolf Lehmann, damals Vorsitzender der Stuttgarter SPD-Gemeinderatsfraktion. Anna beendete ihre Rede so: „Ihr redet von der Emanzipation. Wir haben sie gelebt!"

Am Schluss ihres Lebens zog sie ins Altersheim. Sie starb am 20. Januar 1982 und wurde neben ihrem Mann Albert auf dem Friedhof in Birkach beerdigt.

Anna Haag kam aus ganz einfachen Verhältnissen. Aber in ihrer Familie war Bildung wichtig. So wurde sie zu einer Leseratte. Als junges Mädchen war sie eine Träumerin. Als junge Frau wurde sie zur Kämpferin. Sie kämpfte für ihren Mann, der sich in Mathe auskannte, aber nicht im praktischen Leben. Sie kämpfte für ihre Kinder ums Überleben, gerade im Ersten Weltkrieg in der Fremde.

Dabei entdeckte sie, dass sie ihre Ziele erreichen konnte, wenn sie nur hartnäckig genug dranblieb.

Im Prinzip hatte sie ja schon früher Mittel und Wege gefunden, ihre Wünsche durchzusetzen, etwa ihre Heirat mit Albert Haag. Allerdings war das eine private Sache. Im öffentlichen Leben war das anders. Doch sie lernte, dass es auch dort ging. Dazu bedurfte es eines einschneidenden Erlebnisses:

1916. Erster Weltkrieg. Damit die Verwaltung nicht erheblich beeinträchtigt wurde, während die Männer an der Front waren, engagierte man weibliche Freiwillige für Schreibstubentätigkeiten. Die waren in aller Regel adelig und nicht gerade ans Arbeiten gewöhnt, gleichzeitig aber eifrig auf ihren Vorteil und vor allem auf die Einhaltung jeglicher Rangordnung bedacht. Im besetzten Ausland wohnten derartige Damen in einem sogenannten Helferinnenheim. Nach einiger Zeit bekam Anna Haag den Auftrag, im von den Deutschen eroberten Bukarest das deutsche Helferinnenheim zu leiten. Es war ein Hotel dritter Klasse und durchaus ein besonderes Haus: bessere Küche, weniger Wanzen. Und: Sie konnte dort mit ihren zwei kleinen Kindern wohnen. Das war schon eine große Hilfe, denn ihr Mann war ja immer noch interniert.

Das größte Problem waren die Bewohnerinnen. Die hatten sich aus Deutschland als Freiwillige gemeldet. Dabei waren auch Damen aus höchsten aristokratischen Kreisen. Sie legten Wert auf angemessene Unterbringung und Behandlung. Anna war die Geschäftsführerin. Die Chefin war sie nicht. Das war vielmehr eine Dame, die jeden Tag anspannen ließ und in der zweispännigen Kutsche Hof hielt, aber höchst selten höchstselbst im Helferinnenheim weilte. Also leitete Anna Haag das Haus praktisch wie eine Chefin, organisierte den Betrieb, besorgte Lebensmittel und lernte, sich gegen die standesbewussten Bewohnerinnen – die „Helferinnen" – durchzusetzen. Denn die ließen sie spüren, dass sie nur aus dem einfachen Volk stammte.

Eines Tages meldete sich der Oberbefehlshaber der deutschen Armee in Rumänien zu Besuch an, Generalfeldmarschall August von Mackensen, ein alter Husaren-Haudegen. Die Damen waren außer sich. Eine Aristokratin meldete sich im Hauptquartier und meinte, dass eine Leiterin wie Frau Haag, eine Schulmeisterstochter, doch wohl nicht angemessen sei für diesen Posten, wenn man den hohen Besuch bedachte. Für den Posten käme nur sie selbst infrage. Das sprach sich herum und wurde auch Anna erzählt.

Anna konnte nicht mehr: Albert interniert, wo auch immer. Tochter Isolde an Ruhr erkrankt. Sie besprach sich mit dem deutschen Chef in Bukarest, wollte kündigen. Der ließ sie nicht gehen: „Anna, bitte bleiben Sie! Brennen Sie nicht durch! Das Heim muss laufen! Und nur Sie schaffen das!"

Anna hielt durch! Und sie schaffte es! Das hat sie geprägt.

Elly Heuss-Knapp

„Würde und Herzenshöflichkeit"

(* 25. Januar 1881, Straßburg;
† 19. Juli 1952, Bonn-Bad Godesberg)

Anfang Februar 1950 im Backhaus in Stockheim in der Nähe von Heilbronn. Im achteckigen ehemaligen Brunnenhaus, das längst zu einem Backhaus umgebaut worden ist, treffen sich die Frauen. Holz ist immer noch knapp zu Hause, da tut die Wärme des Ofens im Backhaus besonders gut. Während im Holzbackofen die Scheite lodern, lässt es sich gut miteinander sprechen. Elsbeth hat Neuigkeiten.

„Habt Ihr am 31. Januar auch Radio gehört? Elly Heuss-Knapp, die Frau vom Bundespräsidenten, hat im Radio die Gründung ihrer Stiftung für das Deutsche Müttergenesungswerk bekannt gegeben! Ich war ganz Ohr. Endlich wird auch mal etwas für uns Mütter getan. Und Erholung könnte ich dringend gebrauchen. Du doch auch, Adelheid! Hast Du Neuigkeiten aus Russland von Deinem Mann?"

„Seit Herbst nicht mehr. Das Internationale Rote Kreuz kann nur selten Postkarten der Kriegsgefangenen verschicken. Ich hoffe ja nur, dass mein Mann bald heimkommt. Ich schaffe es kaum noch allein mit den Kindern und der Oma!"

„Genau für Frauen wie Du soll das Müttergenesungswerk ja da sein. Urlaub für Leib und Seele, und für die Kinder wird auch gesorgt!"

„Elly Heuss-Knapp? Die hat doch mal in Heilbronn gelebt. Meine Mutter hat immer mit leuchtenden Augen von ihr erzählt. Die hat in Heilbronn 1914 einen Verein für Heimarbeit gegründet und dafür gesorgt, dass Mütter mit kleinen Kindern, die nicht in der Fabrik arbeiten konnten und deren Männer im Krieg waren, sich durch Heimarbeit Geld verdienen konnten. Meine Mutter hat damals so die Familie ernährt. Das hat sie der Heuss-Knapp nie vergessen. Über 650 Mütter haben Arbeit gefunden und damit Geld verdient."

„Meine Mutter hat das auch erzählt. Sie war dabei. Die Frauen haben Hemden genäht und Socken und Handschuhe für die Soldaten gestrickt. Die Heuss-Knapp hat es fertiggebracht, dass die Arbeit als kriegswichtig eingestuft wurde. Deshalb gab es nicht nur Geld, sondern auch Stoffzuteilungen und Wolle. Sonst hätten die Frauen ja gar nichts zu arbeiten gehabt."

„Unsere Familie hat das gerettet!"

„Meine auch!"

Elly Heuss-Knapp ist in einer männlich dominierten Welt Sozialreformerin, Journalistin, Politikerin und Deutschlands erste First Lady.
Den Werbejingle im deutschen Radio hat sie übrigens auch erfunden.

Elisabeth (Elly) Eleonore Anna Justine Heuss-Knapp

Straßburg, seit 1870 wieder deutsch. An der neuen Universität lehrte Georg Friedrich Knapp, Professor für Nationalökonomie. Verheiratet war er mit Lydia von Karganow, die einem georgischen Fürstenhaus entstammte. Die beiden führten einen großbürgerlichen Akademikerhaushalt. Am 25. Januar 1881 wurde Elisabeth Eleonore Anna Justine, genannt Elly, geboren. Sie wuchs einerseits wohlbehütet, andererseits aber auch ziemlich frei auf. Denn ihre Mutter, schwer leidend, verbrachte sehr viel Zeit in Sanatorien. Elly lebte deshalb anfangs im großväterlichen Haushalt in Braunschweig und dann als junges Mädchen in Straßburg. Da die Mutter nicht aufpassen konnte und der Vater an der Uni lehrte, genoss sie viele Freiheiten. Schon früh wurde sie Mitbegründerin eines „Radelclubs". Ein evangelischer Vikar war auch dabei: Albert Schweitzer, der spätere Nobelpreisträger und Urwaldarzt von Lambarene in Afrika. Der Radelclub war gemischt. Das war die eine Sensation, die andere, dass Mädchen und junge Frauen überhaupt Fahrrad fuhren. Elly genoss beides. Sie lobte ihr „süßes Adlerrad, das schönste und zierlichste in ganz Straßburg". Sie war außergewöhnlich selbstbewusst.

1899 legte sie ihr Lehrerinnenexamen ab und war sogleich Mitbegründerin einer Privatschule in einem Vorort von Straßburg, der „Fortbildungsschule für Mädchen".

1905 startete sie mit einem Studium der Volkswirtschaft in Freiburg. Sie war dort eine der ersten Studentinnen, wechselte bald nach Berlin, hörte den evangelischen Pfarrer, Politiker und Sozialreformer Friedrich Naumann (den Namensgeber der heutigen Stiftung der FDP) und war von dessen Rhetorik und Charisma restlos begeistert. „Nach der Naumann-Rede wanderte ich in meiner Stube auf und ab und fühlte zum ersten Mal, was es heißt, Menschen in ihrem Willen zu bewegen, ohne ein anderes Machtmittel als das lebendige Wort!" Tatkräftig, wie sie war, besorgte sie sich eine Einladung bei dem aus Sachsen stammenden Pastor und gehörte bald zu seinem engeren Freundeskreis.

Bei den abendlichen Treffen war auch ein ziemlicher Langweiler dabei, der selten sprach, und wenn, dann mit vielen „Ähs!" – schon nach jedem Halbsatz. Elly ärgerte sich über den jungen Journalisten von Naumanns Zeitung „Die Hilfe". Allerdings war sie dann doch immer wieder erstaunt über die kurzen, knappen, aber immer treffenden Analysen des drei Jahre Jüngeren: Theodor Heuss.

Ab 1906 begann sie Vorträge zu halten – auch das damals keineswegs selbstverständlich für eine Frau. Sie bereitete in Berlin eine Ausstellung über heimarbeitende Frauen vor und hielt auch gleich die Reden dazu. Sie war keine Sozialdemokratin, legte aber Wert darauf, zu zeigen, wie schlecht die Frauen bezahlt und behandelt wurden.

Am 11. April 1908 heiratete sie Theodor Heuss im Straßburger Münster. Albert Schweitzer traute das Paar. Für Elly war es selbstverständlich, einen Doppelnamen zu führen: Heuss-Knapp. Dafür fand sie nicht einmal bei anderen Frauen Verständnis.

1910 wurde ihr einziges Kind geboren: Ernst Ludwig. Die Geburt war sehr schwierig: „Ich war sehr nahe am Tod gewesen." Im gleichen Jahr erschien ihr erstes Buch, „Bürgerkunde und Volkswirtschaftslehre für Frauen". Ein großer Erfolg, es folgten viele Auflagen.

Nun war sie ständig auf Vortragsreisen durch das Kaiserreich. „Die Frau im deutschen Wirtschaftswesen", „Einzelhaushalt im Zeitalter des Großbetriebs" oder „Hausfrau und Frauenbewegung" waren ihre Themen.

1912 zog die Familie nach Heilbronn um, denn Theodor Heuss wurde zum Chefredakteur der Heilbronner „Neckarzeitung" ernannt. Hier startete Elly nach Ausbruch des Ersten Weltkriegs ihre Nähstube, dann organisierte sie die Arbeitsbeschaffung für Kriegerfrauen und beschäftigte gegen Ende des Krieges über 650 Frauen, manche Quellen sagen, zeitweise rund 1000 Frauen, in Heimarbeit. Ihr Herz war nicht gesund, immer wieder wurde ihre Arbeit durch Klinikaufenthalte unterbrochen. Doch Elly machte weiter. 1918 zog die Familie wieder nach Berlin, denn Theodor avancierte zum Geschäftsführer des Deutschen Werkbunds. Nun unterrichtete Elly an der „Sozialen Frauenschule im Pestalozzi-Fröbel-Haus".

Als 1919 nach der Revolution das Frauenwahlrecht eingeführt wurde, bewarb sie sich um einen Sitz in der Nationalversammlung in Weimar bei der Deutschen Demokratischen Partei (DDP – eine Art Vorläuferin der FDP). Gleichzeitig warb sie dafür, dass Frauen zur Wahl gingen. Ihr Slogan:
„Frauen werbt und wählt.
Jede Stimme zählt!
Jede Stimme wiegt,
Frauenwille siegt!"

Sie wurde nicht gewählt. Auch 1920 nicht, als sie für den neuen Reichstag kandidierte. Diesmal verfehlte sie das Mandat nur knapp.

Aufgeben kam nicht infrage. In den 1920er-Jahren hielt sie weiterhin ihre Vorträge. Außerdem begann sie eine religionspädagogische Ausbildung, wurde Schöffin an einem Jugendgericht. Bei so viel Aktivität wurde auch das neue Medium, der Rundfunk, auf sie aufmerksam. „Volkswirtschaftliche Plaudereien" oder „Familienkultur" hießen ihre Rundfunksendungen. Sie schrieb wöchentliche Kritiken in der neuen Radiozeitschrift „Der Rundfunkhörer". Allmählich wurde sie in Deutschland bekannt.

Ihr Mann Theodor Heuss auch. Obwohl er 1933 mit den anderen Liberalen für das Ermächtigungsgesetz Adolf Hitlers stimmte, bekam er Berufsverbot. Elly Heuss-Knapp wurde von den neuen Machthabern ebenfalls bestraft. Sie wurde aus dem Programmbeirat des Berliner Rundfunks entlassen und durfte keine Rundfunksendungen mehr machen. Ihre Vorträge wurden ebenfalls untersagt.

Aber Elly konnte nicht nur reden, sondern auch dichten. So begann sie ihre Werbekarriere mit Werbesprüchen für Halspastillen: „Auf Schritt und Tritt nimm Wybert mit. Ob's windet, regnet oder schneit: Wybert schützt vor Heiserkeit." Auch Wundpflaster wurden durch sie berühmt: „Jederzeit hab zur Hand, Hansaplast Schnellverband." Oder: „Bei Verletzung aufgepasst! Auf die Wunde Hansaplast!" Radiowerbung war damals nichts anderes als im Radio vorgetragene Zeitungsanzeigen, also abgelesen. Elly brachte neuen Schwung in die Radiowerbung. Mit Werbung für „Nivea"

und „Persil" kam das Paar über die Runden. Den Vogel schoss sie ab, als sie Werbeschallplatten produzierte und für jedes Produkt eine eigene Musik einsetzte – sie war die Erfinderin des deutschen Radiojingles. Bis 1940 ging das gut, dann wurde das Radio kriegsbedingt werbefrei. Am Ende des Krieges hielt nur noch die Werbung für das Abführmittel „Emodella" die kleine Familie über Wasser.

Die Amerikaner spürten Theodor Heuss nach dem Krieg in Heidelberg-Handschuhsheim auf und machten ihn zum „Kultminister" im neuen Bundesstaat Württemberg-Baden. 1945 zog das Paar nach Stuttgart, und sobald der Südfunk eine Sendelizenz erhielt, war auch Elly Heuss-Knapp mit ihren Vorträgen wieder über den Äther zu hören.

Beide Eheleute kandidierten 1946 bei den Landtagswahlen für die Deutsche Volkspartei (DVP). Beide wurden gewählt. Als Alterspräsidentin eröffnete Elly Heuss-Knapp die erste Sitzung des neuen Landtags und war Mitbegründerin der FDP. „Aber sonst ist es die alte Geschichte: leichter einen Sack Flöhe einigen als den Liberalismus. Schon der Name war kaum in Ordnung zu bekommen. Schließlich einigte man sich auf ‚Freie Demokratische Partei'."

1949 übernahm sie das Präsidium der Hoover'schen Schulspeisung – Essen für hungrige Schulkinder. Der amerikanische Präsident Hoover hatte es angeregt. Milchpulver und Lebensmittel mussten in Westdeutschland an Schülerinnen und Schüler gerecht verteilt werden. Im gleichen Jahr wurde Theodor Heuss zum ersten deutschen Bundespräsidenten gewählt. Elly verabschiedete sich aus dem Landtag und wurde Deutschlands erste First Lady.

Antonie Nopitsch hatte in Bayern Müttererholungsheime aufgebaut. Beide Frauen taten sich zusammen und gründeten das Müttergenesungswerk. Das Startkapital dazu kam von der neu gegründeten Elly-Heuss-Knapp-Stiftung. Der First Lady war es gelungen, die Frauenverbände Deutschlands an einen Tisch zu bekommen und zur Zusammenarbeit zu bewegen, über alle Grenzen und alte Feindschaften hinweg. Das ist eine der Erfolgsgeschichten des Müttergenesungswerks. Bereits im Gründungsjahr 1950 konnten 26 000 Mütter in Erholung geschickt werden. 1958 waren es schon 72 000.

Aber Elly Heuss-Knapp musste kämpfen. Sie war herzkrank. Nach wie vor wurde ihre Arbeit durch Klinikaufenthalte unterbrochen. Am 19. Juli 1952 starb sie in Bonn an Herzversagen. Sie und ihr Mann sind auf dem Waldfriedhof in Stuttgart begraben.

Theodor Heuss wäre fast nicht Bundespräsident geworden. Er tat sich mit den Kirchen schwer, diese auch mit ihm. Also gab es Zweifel, ob Theodor Heuss bei den beiden großen Kirchen als Bundespräsident durchzusetzen wäre. Professor Heuss sei „nicht kirchenfreundlich eingestellt", gab man Adenauer zu bedenken, als der ihn zum Bundespräsidenten vorschlug. Aber der setzte sich durch: „Heuss hat eine sehr fromme Frau ... Das genügt!"

Marie-Luise Gräfin Leutrum

Dickköpfige Charme-Offensive für die Landfrauen

(* 16. Oktober 1905, Laupheim;
† 24. Mai 1980, Heidelberg)

„Offenes Backen": Die Landfrauen von Unterriexingen laden mehrmals im Jahr dazu ein, mit ihnen zusammen das Backhaus zu bestücken und eigenes Brot zu backen. So wird nicht nur eine alte dörfliche Tradition am Leben erhalten, es werden auch alte Rezepte weitergegeben, Tipps und Tricks ausgetauscht. Und der Duft des frisch gebackenen Brotes verwischt alle Grenzen zwischen den Backenden.

„Wisst Ihr Neuen eigentlich, dass die Frauen in Unterriexingen mit die Ersten waren, die nach dem Zweiten Weltkrieg die Landfrauenbewegung aus der Taufe gehoben haben?"

„Und dass die Landfrauen sich von Anfang an als eine Frauenbewegung verstanden haben, die offen ist für alle Frauen – nicht nur für Bäuerinnen! Das war nach dem Krieg etwas völlig Neues und Ungewohntes!"

„Ja, und wir haben hier angefangen, da gab es die Bundesrepublik noch gar nicht! Wir waren Pionierinnen der ersten Stunde!"

„Es ging um alle Frauen im ländlichen Raum! Dort auf Schloss Nippenburg wurde die Idee in die Tat umgesetzt: von der Gräfin Leutrum!"

Hin und her fliegen die Worte im Backhaus. Die Älteren haben genug zu erzählen. Denn von hier ist eine Erfolgsgeschichte losgegangen, zuerst in

Württemberg-Baden, dann in ganz Deutschland. Eine Frau hat quasi die Idee gezündet und sie auch umgesetzt: Marie-Luise Gräfin Leutrum von Ertingen auf Schloss Nippenburg bei Schwieberdingen.

Marie-Luise Gräfin Leutrum von Ertingen

Ende der 1920er-Jahre saß eine junge Studentin, Fräulein Marie-Luise Steiner, im Hörsaal der Universität Hohenheim und studierte als eine der wenigen Studentinnen Land- und Volkswirtschaft. Sie trug eine Brille, was nichts Besonderes gewesen wäre, wäre diese Brille später nicht als „Schicksalsbrille" in der Familie Leutrum bezeichnet worden. „So habe ich Eure Mutter zum ersten Mal gesehen und mich gleich verliebt", erzählte ihr späterer Ehemann dann oft den Kindern. Graf Norwin Hubertus Leutrum zu Ertingen saß ebenfalls im Hörsaal in Hohenheim. 1930 heirateten die beiden, da war das Fräulein 25 Jahre alt. Aus dem Fräulein wurde Gräfin Leutrum.

Gräfin Leutrum war charmant, kontaktfreudig, sprach mit Politikern aller Couleur und ging Offizieren der Besatzungsmächte genauso auf die Nerven wie den bäuerlichen Standesvertretern in der neuen Bundesrepublik. Sie konnte Frauen begeistern und war zugleich schlau und listig. Der späteren Sozialministerin Annemarie Griesinger, die als Frau unter Ministerpräsident Lothar Späth und seinen Mannen viel zu leiden hatte (O-Ton Späth: „Annemarie, halt dei Gosch, davon verstehst Du nichts ..."), gab sie einmal den Rat: „Versuchen Sie nicht, eine Sache allein durchzupauken, sondern geben Sie den Männern eine Chance, sich zu profilieren, dann sind die Aussichten auf Erfolg besser." Auf diese Weise – nicht gerade ein Ruhmesblatt für das „stärkere" Geschlecht – ließ sich die Gräfin von niemandem aufhalten.

Die Gräfin ist nicht zu verstehen ohne das Vorbild ihrer Mutter: Ruth Steiner, geborene von Kalckreuth, aus Neiße an der Oder. Ruth von Kalckreuth heiratete 1904 mit 25 Jahren den Laupheimer Schlossbesitzer Adolf Wohlgemut Steiner – genannt „Mut". 1903 war Ruth nach Abschluss ihrer Ausbildung an der Hauswirtschaftlichen Frauenschule Obernkirchen zu einem Praktikum in die

Molkerei des Schlossguts Laupheim gekommen. Die Molkerei hatte einen sehr guten Ruf in ganz Deutschland. Der Gutsbesitzer war Mut Steiner.

Als sie ein Jahr später den Gutsbesitzer heiratete, trat sie in die großbürgerliche Welt des liberalen jüdischen Bildungsbürgertums des Kaiserreichs ein. Ein Jahr nach der Hochzeit, am 16. Oktober 1905, wurde Marie-Luise als erstes Kind geboren.

1734 erlaubte der Schlossherr in Laupheim durch einen Schutzbrief 20 jüdischen Familien, sich in der Stadt anzusiedeln. Darunter war auch die Familie Steiner. Laupheim wurde ab 1806 württembergisch, 1828 trat das württembergische Emanzipationsgesetz in Kraft, aus Schutzjuden wurden württembergische Staatsbürger. Die Familie Steiner stieg zur Brauereibesitzerin auf, wurde durch das Bier finanziell erfolgreich und kaufte schließlich das Schloss vom nun verarmten Adel, in dem die Brauerei beherbergt war. Der Großvater von Gräfin Leutrum war Kilian Steiner. Der stieg im Königreich Württemberg zu einer der bedeutendsten Persönlichkeiten auf. Der Laupheimer förderte mit seiner „Württembergischen Vereinsbank" die Industrialisierung Württembergs und war Mitbegründer der Deutschen Bank, des Schiller-Nationalmuseums und des Deutschen Literaturarchivs in Marbach am Neckar. Außerdem förderte er das Bankwesen in Württemberg. In Anerkennung seiner Verdienste verlieh ihm der württembergische König den Personaladel: Nun durfte er sich Kilian von Steiner nennen.

Es gab früher mal Bankiers, die waren keine Banker, wie wir sie gerade heute erleben. Die Familie Steiner wandelte sich von Brauern zu Bankiers. Sie ist ein Beispiel dafür, wie sich jüdische Familien in das neue Gemeinwesen des Deutschen Reichs einbrachten, aufstiegen und zugleich mit dem erstarkenden Antisemitismus konfrontiert wurden. Von dem sie annahmen, dass er ihnen nichts anhaben könne, weil sie sich so sehr ins neue Gemeinwesen einbrachten, dieses mit entwickelten und förderten. Welch ein Irrtum!

Mut Steiner war 18 Jahre alt, als er sich taufen ließ und Mitglied der württembergischen Landeskirche wurde. Schon die Vertreterinnen und Vertreter seiner Generation waren keine religiös praktizierenden Juden mehr. Die Synagoge war ihm relativ fremd. Die Nazis interessierte das nicht. Für sie war er Jude. Denn sie schwadronierten von einer vermeintlichen menschlichen Rasse. Daran änderte auch Muts Hochzeit mit Ruth nichts. Ab 1938 musste er den gelben Judenstern und den Zwangsnamen „Israel" tragen: Adolf Wohlgemuth Israel Steiner.

Nach ihrer Hochzeit war Ruth Steiner auf einmal Gutsherrin. Denn der Steiner'sche Betrieb war ein Mustergut. Sie verbesserte die Molkerei ihres Mannes und baute eigenständig einen Geflügelhof auf, der schon bald im landwirtschaftlichen Raum Deutschlands Beachtung fand. Mitten in Schwaben hielt sie ostfriesische Milchschafe, deren Milch zur Kükenaufzucht verwendet wurde. Schafswolle wurde auf dem Gut versponnen und verwoben.

Ab 1912 gab es eine neue Zeitschrift. Sie hieß „Die Gutsfrau" und war sozusagen die „Landlust" des Kaiserreichs. Als Förderin des Blattes trat sie ab 1912 bis 1922 als Mitherausgeberin auf. Zusammen mit ihrer Freundin Fürstin Therese zu Hohenlohe-Waldenburg gründete sie 1916 die landwirtschaftlichen Hausfrauenvereine, in Laupheim war sie natürlich die Vorsitzende. Die Vereine gründeten Verkaufsläden, wo die Erzeugnisse der Vereinsmitglieder verkauft wurden. So entstanden bis 1932 allein in Württemberg 416 Vereine mit 8000 Mitgliedern.

Dann kamen die Nazis. 1933 wurde der Verein gleichgeschaltet und in den Reichsnährstand überführt. Ruth Steiner musste sich auf ihr Gut zurückziehen. Schon bald wurde sie bedrängt, sich von ihrem Mann scheiden zu lassen. Sie weigerte sich.

1944 wurde Ruth Steiner von ihrer Köchin bei der NSDAP angezeigt. Sie hatte den Hitler-Attentäter Graf Stauffenberg gelobt. Daraufhin wurde sie von der Gestapo verhaftet und nach Ulm gebracht, dann ins Frauenarbeitserziehungslager Rudersberg im Welzheimer Wald überstellt. Die französischen Truppen befreiten sie schließlich Anfang April 1945 aus der Gestapohaft in Stuttgart.

Wie die Mutter, so auch die Tochter, Gräfin Leutrum. An der Universität Hohenheim schloss Marie-Luise als erste Studentin in ihrem Fach mit Diplom ab. 1932 gründete sie in Unterriexingen einen landwirtschaftlichen Hausfrauenverein. Die Nazis lösten den Verein 1933 auf. Sie zog sich in die Familie zurück, überlebte als „Halbjüdin", so der Rassenbegriff der Nazis, nur, weil ihr Mann sich weigerte, sich scheiden zu lassen.

Mit ihren Kindern wohnte sie im Schloss Laupheim, das ihr Bruder übernommen hatte. Der wurde aber bald ins KZ Buchenwald deportiert, Mutter Ruth ins Arbeitslager Rudersberg. Großvater Mut überlebte im Schloss als Angeheirateter, ihr Mann, der Graf, war eingezogen. Marie-Luise Gräfin Leutrum kümmerte sich nun allein um alles.

Mit dieser Vergangenheit konnte sie den Besatzungsoffizieren auf Augenhöhe entgegentreten. Das tat sie auch. Sie erreichte bei den Alliierten, dass diese das Vereinsverbot lockerten. Sie selbst zog von Dorf zu Dorf, um jeweils mindestens sieben Frauen zusammenzubringen, um einen Landfrauenverein zu gründen. Dabei wollte sie nicht mehr allein die Bauersfrauen, sondern alle Frauen im ländlichen Raum zusammenbringen. Den ersten Verein gründete sie 1946 in Alfdorf, schon bald war sie Vereinsvorsitzende in Unterriexingen und Vorsitzende der Kreisvereine in Ludwigsburg und Leonberg. Als am 30. März 1947 der Landesverband des damaligen Landes Württemberg-Baden gegründet wurde, war sie erste Vorsitzende. Die erste Geschäftsstelle war im Dachgeschoss des kleinen Schlosses in Unterriexingen, die Schreibmaschine war geliehen. Gräfin Leutrum ließ sich durch nichts aufhalten.

Frauen gingen kaum zur Wahl. Die Gräfin wollte das ändern. Die Männer wollten Frauen für Kirche, Küche und Kinder. Die Gräfin auch, aber nicht nur. In ihrem Wesen war sie konservativ. Aber sie wollte noch mehr. Sie forderte Zugang für Frauen zu den Bildungsangeboten. Für alle Frauen, auch die Flüchtlinge. Daher waren ihre Vereine offen für alle. Den Bundesernährungsminister und späteren Bundespräsidenten Heinrich Lübke piesackte sie so lange, bis er ein Förderprogramm für Bäuerinnen finanzierte. Als die FDP das wieder kippen wollte, organisierte sie den Widerstand der Frauen. Das Programm blieb. Unentwegt war die Gräfin unterwegs, und wenn sie auf Frauen traf, die sich von ihrem Elan anstecken ließen, war sie schon gar nicht mehr zu halten.

Sie schuf den Deutschen Landfrauenverband (dlv) und wurde dessen erste Präsidentin, erreichte die Mitgliedschaft im Verband der Europäischen Landwirtschaft und im Weltlandfrauenverband. Sie setzte sich ein für ein politisches Bewusstsein der Frauen im ländlichen Raum und für die gleichberechtigte Verantwortung von Frauen und Männern beim Aufbau einer gemeinsamen Zukunft.

Nach einem Schlaganfall starb sie mit 75 Jahren am 24. Mai 1980 in Heidelberg.

Wenn eine Bürgermeisterin oder ein Bürgermeister in Baden-Württemberg erfolgreich sein will, braucht sie oder er zwei Verbündete: die Freiwillige Feuerwehr und die Landfrauen. Damit werden alle Krisen gemeistert – und alle Feste.

Dinnete, Deie, Blootz, Wähe –
alles das Gleiche und doch jedes verschieden

Die Rezepte

Ist eigentlich noch Platz im Backofen? Diese Frage muss vor Hunderten von Jahren vor einem heißen Backofen eine Frau gestellt haben. Ja, klar, ist die Antwort! Links oder rechts, gleich hinter der Ofenklappe, ist immer noch ein Platz – ein „Blootz" auf Hohenlohisch: zu klein für einen Laib Brot, aber immer noch groß genug für einen Fladen. Den man dünn auswallt – auf Alemannisch wird aus dem „Gewallten" eine „Wähe" –, dann schnell belegt: Zwiebeln, Speck, Käse, Lauch und ein wenig Rahm. Der Fladen wird unterschiedlich dünn ausgewallt bzw. ausgewellt, in Schwaben natürlich ganz dünn, sodass eine Deie oder Dinnete (das ist kein Servierwagen Dinett, die Betonung liegt auf dem „i") entsteht, dann bei abkühlender Hitze noch kurz in den Ofen geschoben. Schon nach wenigen Minuten ist eine tolle Zwischenmahlzeit fertig, die am besten schmeckt, wenn sie noch warm gegessen wird.

Momento!, sagen die Neapolitaner und sprechen von ihrer Pizza, natürlich anders belegt. Un moment!, sagen die Elsässer und sprechen von ihrem Flammkuchen, die Lothringer von ihrer Quiche. Die restlichen Franzosen nennen das Ganze Tarte, legen aber bei Früchten Wert auf einen Belag ohne Guss, dafür mit ordentlich Zucker. Merci! Den Polen ist das Ganze auch nicht fremd, sie sprechen vom Placek und einer Hefe- oder Mürbteiggrundlage. Die schweizerischen Walliser setzen noch eins drauf und servieren einen Gemüsekuchen mit Lauch, Kartoffeln, Käse und Äpfeln als „Cholera".

Wenn das nicht ein europäisches Gericht ist! Einfache Küche, Arme-Leute-Küche, Großmutters Küche! Und überall ähnlich und dann doch wieder verschieden. Aber alles und überall so einfach, dass man es in jedem Backofen selbst machen kann.

Ich bleibe bei den süddeutschen Varianten, die ich kenne: Dinnete, Blootz und Wähe.

Die Dinnete, oder Deie, ist praktisch ein schwäbischer Flammkuchen. Ich gehe hier auf das Grundsätzliche ein. Ein genaues Rezept gibt es für jede Variante im Anschluss.

Grundlage ist ein Brotteig. Also Weizenmehl. Wer es allerdings wirklich schwäbisch machen will, nimmt „Schwabenkorn", also Dinkelmehl, und macht einen Hefeteig. Als Belag kommen Zwiebelringe, Streifen vom Schwarzwälder Schinken, ein Ei, saure Sahne und zum Schluss reichlich Schnittlauch dazu. Wichtig: Der Schinken wird angebraten, am besten in Schweineschmalz, bevor er auf die Dinnete kommt. Die Dinnete kann man in ganz kleinen Fladen backen und hat so einen tollen Partysnack. Wichtig: muss warm gegessen werden!

Den „Blootz" – also einst der Platzfüller im Backofen – macht man auf einem Backblech. Auch das ist ein Hefeteig. Den rollt man sehr dünn auf dem Blech aus. Der Belag ist der Gleiche wie bei der Dinnete. Aber weil die Hohenloher Bauern reicher waren als die Schwaben, verwendeten sie Schmand und gaben noch geriebenen Käse zum Speck. Am Schluss kam Petersilie darüber.

Die „Wähe" gibt es in der alemannischen Sprachregion – also in Baden, am Bodensee und in der Deutschschweiz. Hier ist die Wähe in der Regel kein Hefeteig, sondern ein Mürbteig. In bestimmten Orten sogar ein Blätterteig. Grundsätzlich kommt ein Milch-Ei-Guss oder ein Rahm-Ei-Guss auf die Früchte (Äpfel, Birnen, Pflaumen). Der wird dann beim Backen dicklich und gelblich.

Um sich noch mehr abzugrenzen, wird die Wähe, die es natürlich auch in salziger Form gibt, auch oft in einer runden Kuchenform gebacken, mit extra hohen, gewellten Teigrändern.

Alles klar? Dann kann es ja losgehen! Auf den nächsten Seiten stehen drei klassische einfache Rezepte. Wer mag, kann ja beim Genießen von Dinnete, Blootz oder Wähe jeweils noch eine Geschichte der backenden Frauen vorlesen. Guten Appetit!

Dinnete mit Zwiebeln und Speck

Zutaten für 8 Portionen

Teig:
1 kg Weizenmehl Type 1050 oder Dinkelmehl
1 Würfel Hefe
4 TL Salz
600 ml Wasser

Für den Belag:
150 g Mehl
300 g Sauerrahm
2 Eier
2 TL Salz
Pfeffer
Knoblauch
3 große Zwiebeln
Schnittlauch, Lauchzwiebeln oder Lauch
200 g geräucherter Speck
Kümmel

Zubereitung:
Einen Hefeteig herstellen und ca. 1 Std. gehen lassen.
Mit nassen Händen 8–10 Portionen abteilen und
nochmals 10 Min. ruhen lassen.

Mehl, Sauerrahm, Eier, Salz und Gewürze zu einer sämigen Masse
verrühren. Die in Ringe geschnittenen Zwiebeln in etwas Butter
andünsten und dazugeben.
Zum Schluss etwas Schnittlauch, Lauchzwiebeln oder fein
geschnittenen Lauch unterheben.

Die Teigportionen mit bemehlten Händen in Form eines Fladens
ausziehen, auf mit Mehl bestäubte Backschieber oder auf ein
mit Backpapier ausgelegtes Backblech legen und den Belag
aufstreichen.

Zum Schluss den in kleine Würfel geschnittenen Speck und
etwas Kümmel darüberstreuen.

Im Backofen bei 250 °C ca. 20 Min. backen.

Blootz

Zutaten für ein Backblech

500 g Weizenmehl Type 1050 oder Dinkelmehl
300 ml Wasser
20 g Hefe
2 TL Salz
1 Prise Zucker

600 g Schmand oder saure Sahne
2 Eier
1 EL Mehl
Salz, Pfeffer, Muskatnuss
150 g Speck
2 Zwiebeln, gewürfelt oder in Ringe geschnitten
150 g geriebener Käse
Petersilie zum Bestreuen

Zubereitung:
Für den Teig 150 g Mehl mit 50 ml Wasser, Zucker und
zerbröckelter Hefe vermengen.
30 Minuten gehen lassen.

Danach die restlichen 350 g Mehl, 250 ml Wasser mit 2 TL Salz
hinzugeben und gut verkneten.

Den Teig nochmal 30 Minuten gehen lassen, dann mit etwas Mehl
dünn ausrollen und auf ein mit Backpapier ausgelegtes Backblech setzen.

Mit einem Küchentuch abdecken und 15 Minuten gehen lassen.

Für den Belag den Schmand mit 1 EL Mehl, Muskatnuss, Salz und Pfeffer verrühren und anschließend die Eier unterrühren.

Den Belag auf dem Teigboden verstreichen.

Obendrauf Speckwürfel, Zwiebelwürfel und geriebenen Käse verteilen und im vorgeheizten Backofen bei 225–230 °C (Pizzastufe oder Ober- und Unterhitze) ca. 20–25 Minuten backen.

Wähe

Teig:
100 g Butter
250 g Mehl
1 TL Salz
130 ml Wasser

Zubereitung:
Für den perfekten Wähenteig zuerst die kalte Butter in Würfel schneiden.

Das Mehl mit dem Salz vermischen und mit der Butter per Hand zu einer krümeligen Masse verreiben.

Nun das Wasser hinzugießen und alles zu einem weichen, glatten Teig verrühren – den Teig dabei nur leicht zusammendrücken, nicht kneten.

Anschließend den Teig in Frischhaltefolie wickeln und eine Stunde im Kühlschrank ruhen lassen.

Nun den Teig auf einer bemehlten Arbeitsfläche ca. 3–4 mm dick ausrollen und nach Belieben weiterverarbeiten.

Für den Beleg:
Salzige Wähen werden oft mit Zwiebeln, Käse und Speck belegt und mit einem Guss aus Käse, Rahm und Eiern zubereitet.

Süße Wähen werden mit Obst, zum Beispiel Zwetschgen, Äpfel, Kirschen oder Aprikosen, belegt und mit einem Guss aus Milch, Sahne, Ei und Zucker verfeinert.

Apfelwähe

Belag:
2 Eier
100 ml Milch
4 EL Puderzucker
1 Pck. Vanillezucker
200 ml Sahne
30 g gemahlene Haselnüsse

Die Äpfel waschen, entkernen und in dünne Spalten schneiden.

Den fertigen Teig in eine mit Backpapier belegte, runde Backform geben, den Teigboden mit einer Gabel mehrmals einstechen und gleichmäßig mit Haselnüssen bestreuen.

Die Apfelstücke rosettenförmig darauf verteilen.

In einer Schüssel Sahne, Milch, Vanillezucker, Puderzucker und die Eier gut miteinander verrühren und den Guss gleichmäßig über die Äpfel gießen.

Die Wähe bei 200 °C (Ober-/Unterhitze) auf der untersten Schiene des Ofens ca. 30 Minuten backen.

Danach auskühlen lassen und mit etwas Zimt bestreuen.

Lernen Sie mehr knitze Schwaben kennen, die in die Welt hinauszogen und erfolgreich Weltbekanntes schufen! Sie werden staunen!

„Unseren Landsleuten zeiget mir's …", mögen die Pioniere und Erfinder aus Schwaben gedacht haben, die **Jürgen Kaiser** in seinen Büchern vorstellt. Sie waren knitz genug, in der Welt ihre Ideen und Techniken erfolgreich zu legendären Unternehmungen zu machen.

Drei von 17 spannenden Beispielen:

Heinrich Beck: Gründer von Beck's – einer der bekanntesten Biermarken der Welt
Carl Lämmle: Der Oberschwabe gilt als Erfinder Hollywoods …
Conrad Pfizer: Der Ludwigsburger Apothekerlehrling wurde später zum Hersteller von Penizillin.

Jürgen Kaiser

Daheim verkannt – in der Welt bekannt

Wie knitze Schwaben die Welt veränderten

104 Seiten mit vielen Fotos und Zeichnungen
ISBN 978-3-945369-28-9